BÚSSOLA ESPIRITUAL

Satish Kumar

BÚSSOLA ESPIRITUAL

AS TRÊS QUALIDADES DE VIDA SEGUNDO O BHAGAVAD GITA

Tradução:
ANÍBAL MARI

Ilustrações de
TRUDA LANE

Editora
Pensamento
SÃO PAULO

Título do original: *Spiritual Compass*.

A citação de Einstein nas pp. 91-92 foi extraída de *Ideas and Opinions*, organizado por Carl Seeling, Bonzana Books, 1954.
A citação de Thich Nhat Hanh nas pp. 93-94 foi extraída de *Entering the Stream*, Shambhala, 1993.

Coordenação editorial: Denise de C. Rocha Delela e Roseli de S. Ferraz
Preparação de originais: Roseli de S. Ferraz
Revisão de provas: Indiara Faria Kayo

Dados Internacionais de Catalogação na Publicação (CIP)
(Câmara Brasileira do Livro, SP, Brasil)

Kumar, Satish
Bússola espiritual : as três qualidades de vida segundo o Bhagavad Gita / Satish Kumar ; tradução Aníbal Mari ; ilustrações de Truda Lane. — São Paulo : Pensamento, 2010.

Título original: Spiritual compass.
ISBN 978-85-315-1638-2

1. Bhagavad-Gita 2. Desenvolvimento pessoal 3. Espiritualidade 4. Vida espiritual — Jainismo I. Lane, Truda. II. Título.

10-03818 CDD-294.44

Índices para catálogo sistemático:
1. Vida espiritual : Jainismo : Religião 294.44

O primeiro número à esquerda indica a edição, ou reedição, desta obra. A primeira dezena à direita indica o ano em que esta edição, ou reedição, foi publicada.

Edição	Ano
1-2-3-4-5-6-7-8-9-10-11	10-11-12-13-14-15-16

Direitos de tradução para o Brasil
adquiridos com exclusividade pela
EDITORA PENSAMENTO-CULTRIX LTDA.
Rua Dr. Mário Vicente, 368 — 04270-000 — São Paulo, SP
Fone: 2066-9000 — Fax: 2066-9008
E-mail: pensamento@cultrix.com.br – http://www.pensamento-cultrix.com.br
que se reserva a propriedade literária desta tradução.

SUMÁRIO

Agradecimentos 6

Uma bússola espiritual 7

Prefácio de Deepak Chopra 9

Introdução de Peter Russell 11

Um convite 14

As três qualidades da vida segundo o Bhagavad Gita 17

Capítulo 1 As três qualidades de vida 21

Capítulo 2 O espírito sáttvico: Espírito e matéria .. 63

Capítulo 3 O modo de vida sáttvico 95

Capítulo 4 A ecologia sáttvica 135

Capítulo 5 Os três tipos de desenvolvimento 153

Capítulo 6 Os princípios sáttvicos na Tradição Jaina 179

Posfácio 207

AGRADECIMENTOS

Tenho uma dívida para com meu amigo Rukmini Sekhar que sugeriu que eu escrevesse um livro sobre as três qualidades de vida. O primeiro e o segundo capítulos deste livro foram publicados pela Viveka Foundation na Índia, em 2006.

Eu gostaria de agradecer a Claire e a Roger Ash Wheeler pela amável e generosa hospitalidade que me proporcionaram, permitindo que eu usasse a tranquila e bela casa de barcos no rio Dart, onde pude escrever este livro com serenidade.

Quero expressar minha gratidão a June, minha esposa, pela sua ajuda e inspiração, sem as quais este livro não teria sido escrito. Sou grato a Maya, minha filha, que trabalhou comigo no primeiro capítulo, organizando, revisando e ampliando-o. Quero agradecer a Juliette Collins, que dedicou boa parte do seu tempo e de sua atenção durante os estágios finais da preparação do livro, e a John Lane pela sua leitura crítica e pelos seus muitos e proveitosos comentários.

UMA BÚSSOLA ESPIRITUAL

Quando estamos numa jornada, precisamos de uma bússola; mesmo quando estamos no mar, cercados por grandes ondas, uma bússola pode nos ajudar a encontrar a direção. Da mesma forma, precisamos de uma bússola espiritual para encontrar nossa direção na vida.

Uma bússola espiritual pode nos ajudar a navegar em meio à confusão e às crises, em meio à atração sufocante do materialismo e em meio à ilusão e ao desespero.

A antiga tradição hindu do Ayurveda nos oferece essa bússola: uma bússola das três qualidades. Essa bússola pode nos ajudar a encontrar o caminho para um modo de vida saudável.

ALLĀH

PREFÁCIO

A ciência moderna reconhece que a natureza é um jogo das forças de criação, transformação e inércia. Quando essas forças estão em equilíbrio, a natureza — incluindo a natureza humana — também está em equilíbrio e a nossa vida se expressa em termos de bem-estar físico, emocional e espiritual. A antiga tradição védica de sabedoria definiu essas três forças de uma maneira semelhante: elas são chamadas de *sattva*, *rajas* e *tamas* e constituem os princípios que regem toda a natureza.

Sattva está relacionado à criatividade; *rajas*, à energia e *tamas*, à inércia. No momento presente, a humanidade sofre de um excesso de *rajas*. Quando *rajas* está em desequilíbrio e em excesso, o resultado é uma inflamação em todas as áreas da vida. A inflamação no corpo está ligada a um aumento da incidência de ataques cardíacos, doenças do sistema imunológico, câncer e muitas outras enfermidades. A inflamação na mente e no sistema emocional produz raiva, hostilidade, ressentimento e desgosto. A inflamação no tecido social produz guerra e terrorismo. As doenças atuais são o sintoma de um excesso de *rajas*, o que leva às condições de *tamas*.

Neste livro, Satish Kumar oferece uma abordagem holística dos problemas da humanidade mostrando como um estilo de vida *sáttvico* pode permitir a nossa própria cura e contribuir para a cura da humanidade e do mundo.

Aqueles que desejam restaurar o equilíbrio rompido em suas vidas se beneficiarão muitíssimo da sabedoria exposta neste livro.

Deepak Chopra

INTRODUÇÃO

Estamos enfrentando uma crise global sem precedentes. Isso está muito claro. Não se passa um dia sem que o noticiário da mídia nos lembre das mudanças climáticas, das espécies ameaçadas de extinção, da instabilidade econômica, da poluição, da pobreza, da fome, do terrorismo ou da guerra. Esses problemas não são questões isoladas, independentes. O Clube de Roma, no seu influente relatório *Os Limites do Crescimento*, chamou essas questões de "problemática global", um conjunto interligado de problemas complexos. Não obstante, costumamos tratá-los isoladamente. Buscamos controlar os recursos escassos, superar as emissões de carbono, multar os poluidores, conter a queda de barragens, destruir grupos terroristas e punir usuários de drogas. Nós raramente investigamos as causas essenciais dos nossos vários problemas.

Não agimos assim quando se trata do nosso próprio corpo. Se consultarmos um médico por causa de uma forte dor de estômago e ele só nos receitar um analgésico, nós não o consideraremos um bom médico. Um bom médico faria uma investigação mais profunda da causa da dor. Será algo que comemos? Será uma infecção? Ou será, talvez, que ela se deve ao stress? Se a causa essencial não for tratada, é quase certo que os sintomas voltarão. Quanto ao tratamento da nossa doença global, no entanto, nem sempre consideramos os problemas subjacentes. Concentramo-nos em tratar os múltiplos sintomas, e depois nos perguntamos por que os problemas não desapareceram.

Quando examinamos o que está por trás da problemática global, descobrimos invariavelmente fatores humanos — decisões humanas, raciocínio e valores humanos. A crise que estamos enfrentando é, fundamentalmente, uma crise de consciência — uma crise de percepção e de valores. Está ficando cada vez mais claro que o predomínio dos valores materialistas da eficiência e da economia precisa ser balanceado pelos valores igualmente importantes da responsabilidade, da compaixão e do respeito.

Esses valores não são estranhos a nenhum de nós e podem ser encontrados em todas as culturas. A ênfase exagerada da sociedade ocidental no aspecto material da vida tem atulhado nossa mente com tantas carências, preocupações, maquinações e tristezas, que essas qualidades raramente vêm à tona. As tradições espirituais do mundo, por outro lado, têm salvaguardado e encorajado esses valores. Elas nos recordam reiteradamente das verdades que todos nós conhecemos no íntimo, mas que são tão facilmente ignoradas em nossa luta para obter sucesso no mundo.

Nos Vedas da antiga Índia, afirma-se que tudo está permeado por três qualidades fundamentais — os três *gunas* — *sattva*, *rajas* e *tamas*. *Sattva* significa verdadeiro, natural, sustentável; *rajas* está associado a mudança, empreendimento, estímulo; *tamas* está ligado a peso, controle, inércia. Não existe nada sem essas três qualidades; o importante é saber qual delas domina.

A noção dos três *gunas* pode ser nova para muitos de nós, mas eles têm informado a cultura hindu há milhares de anos. Recentemente, Mahatma Gandhi deu o exemplo de uma vida dominada por valores *sáttvicos*, revelando o poder tranquilo da humildade e da não violência. *Bússola Espiritual* é um chamado para que todos nós vivamos uma vida mais *sáttvica*. Isso não significa desistir da nossa vida mundana; é um encorajamento a viver uma vida mais equilibrada, uma vida em harmonia com nosso meio ambiente, sem consumir demais nem destruir desnecessariamente.

Poucas pessoas estão mais bem qualificadas para escrever este livro do que Satish Kumar. Sua própria formação como monge jainista na Índia deu-lhe uma profunda intimidade pessoal com esses princípios. Ter vivido os últimos trinta anos no Ocidente mostrou-lhe não só a necessidade como também a natureza prática de aplicar esses princípios nos afazeres cotidianos. O mais importante é que sua própria vida é um exemplo admirável de simplicidade, compaixão e responsabilidade. E isso se reflete em todas as páginas deste pequeno e agradável, mas profundo, livro.

Peter Russell

UM CONVITE

Caro leitor

Quero convidá-lo a aprender três novas palavras a fim de apreciar este livro. Essas palavras antigas provêm da língua sânscrita e têm sido comumente usadas na Índia há milênios; elas nos servem de acessório útil para viver bem.

A primeira é *sáttvico*, que eu traduzo como elegante e simples. Basicamente, esta palavra é usada para lembrar às pessoas que devem seguir o caminho que lhes parece verdadeiro no nível mais profundo, que é natural e real. Por isso, ele deve ser adotado.

A segunda palavra é *rajásico*, que pode ser traduzida como extravagante e excessiva. Esta palavra é usada para advertir as pessoas contra as armadilhas do brilho e do deslumbramento. Ainda que o estilo rajásico de vida possa ser tentador, por causa de sua natureza complicada ele tenderá a trazer decepção e descontentamento; por isso, ele deve geralmente ser evitado.

A terceira palavra é *tamásico*, que defino como sombrio e deprimente. Esta palavra é usada como um sinal de alarme para alertar as pessoas sobre o perigo iminente. As ações tamásicas podem atrair as pessoas como ousadas e excitantes, mas a experiência dos sábios no passado demonstrou repetidas vezes que a qualidade tamásica é destrutiva, incapacitante e confusa; por isso, ela deve ser ativamente evitada.

Vou usar essas três palavras em todo o livro e explicar seu significado em muitos níveis, além de sua relevância no contexto do meio ambiente, desenvolvimento, alimentação, agricultura, política, poder e muito mais. Obviamente, farei a defesa de uma vida sáttvica e demonstrarei que a simplicidade elegante é um imperativo espiritual.

Essas três qualidades de vida são tanto atributos externos como um modo interno de ser. As intenções e motivações internas são tão importantes quanto as ações externas. Portanto, não devemos julgar as pessoas pela sua aparência externa.

Por fim, há o estado de transcendência. Nesse centro secreto de nosso ser não existem compartimentos, rótulos nem categorias; não existe nem o sáttvico, nem o rajásico, nem o tamásico. Erguemo-nos acima de todas as dualidades e divisões, e vivemos em perfeita harmonia com nós mesmos e com o mundo que nos cerca. Esse é o estado de existência sem autoconsciência. Nesse estágio, o indivíduo se encontra plenamente autorrealizado.

Assim, para viver bem, convém estar consciente das qualidades sáttvica, rajásica e tamásica em todas as coisas. Em primeiro lugar, precisamos desenvolver um senso de proporção e a combinação correta de sáttvico, rajásico e tamásico; em segundo lugar, devemos fazer as escolhas corretas e apropriadas; e, em terceiro lugar, erguer-nos acima delas. Então, a alegria será nossa e seremos capazes de viver mais felizes.

AS TRÊS QUALIDADES DE VIDA SEGUNDO O BHAGAVAD GITA

Os três tipos de alimento

Os alimentos suaves, doces e nutritivos, que promovem a vitalidade, a saúde e a alegria, são sáttvicos.
Os alimentos amargos, ácidos e picantes, que produzem dor, tristeza e doença, são rajásicos.
Os alimentos insípidos, secos e tóxicos, que produzem entorpecimento, lentidão e letargia, são tamásicos.

Os três tipos de serviço

O serviço oferecido de acordo com as leis da natureza, sem esperar nada em troca, é sáttvico.
O serviço oferecido visando a exibição, ganho ou recompensa é rajásico.
O serviço oferecido sem fé e com o coração vazio é tamásico.

Os três tipos de prática

Os atos puros, corretos e não violentos, as palavras não ofensivas, verdadeiras, agradáveis e proveitosas, e os pensamentos bons, serenos e contidos são sáttvicos.

A prática realizada visando ao ganho ou à fama é rajásica.

A prática que é obstinada e causa dano à própria pessoa ou a outrem é tamásica.

Os três tipos de dádiva

Uma dádiva feita com motivos puros, sem esperar nada em troca, dada no momento e lugar apropriados, é sáttvica.

Uma dádiva feita com a expectativa de algo em troca é rajásica.

Uma dádiva feita com desprezo e que humilha quem a recebe é tamásica.

Os três tipos de compreensão

A compreensão que percebe a unidade na diversidade, a totalidade, a conexão e que cria síntese é sáttvica.

A compreensão que se baseia na desunião e causa separação é rajásica.

A compreensão que se concentra numa parte e a enxerga como se fosse o todo é tamásica.

Os três tipos de ação

A ação realizada sem apego, sem desejo de recompensa e com amor é sáttvica.

A ação realizada sob tensão e com o objetivo de gratificação é rajásica.
A ação realizada na ignorância, sem consideração pelas consequências e que traz dano é tamásica.

Os três tipos de pessoa

A pessoa sem ego e que não é perturbada nem pelo sucesso nem pelo fracasso é sáttvica.
A pessoa movida pela paixão, que busca ansiosamente resultados e é gananciosa, é rajásica.
A pessoa desequilibrada, vulgar, falsa, mal-intencionada e desesperada é tamásica.

Os três tipos de pensamento

O pensamento que sabe diferenciar entre o certo e o errado, entre o que deve e o que não deve ser temido e entre o que traz liberdade e o que traz dependência, é sáttvico.
O pensamento que confunde o certo e o errado, a coragem e a covardia é rajásico.
O pensamento que concebe o certo como o errado e o errado como o certo é tamásico.

Os três tipos de decisão

A decisão que mantém o equilíbrio e a harmonia entre o pensamento, a respiração e o sentimento é sáttvica.
A decisão que busca satisfazer o desejo de riqueza e poder é rajásica.

A decisão que traz depressão, arrogância, aflição e medo é tamásica.

Os três tipos de felicidade

A felicidade que é o resultado de uma clara compreensão do eu e do mundo é sáttvica.
A felicidade que se origina da gratificação dos sentidos, que inicialmente parece um néctar, mas acaba se assemelhando a um veneno, é rajásica.
A felicidade que vem da ilusão e deriva da preguiça e da negligência é tamásica.

Capítulo 1

AS TRÊS QUALIDADES DE VIDA

Uma saída para a angústia

Vivemos numa era de angústia.

A angústia política faz com que as nações civilizadas se comportem como bárbaras e as superpotências vivam com medo. Governantes desconhecem a arte de governar. Os líderes políticos demonstram pouca habilidade na resolução dos problemas. Conflitos contínuos na Palestina, Israel, Iraque, Afeganistão, Caxemira e Sri Lanka, para citar apenas alguns, revelam tanto a natureza intratável dos problemas como a incapacidade daqueles que estão no poder de resolvê-los. Lutar e matar são os principais meios utilizados para solucionar a discórdia e a desarmonia. As pessoas parecem incapazes de encontrar soluções que sejam justas, corretas e satisfatórias para todos.

A angústia social se manifesta quando a sociedade permite que as pessoas morram de inanição em meio à abundância. Ainda que a luta contra a dívida e a pobreza venha prosseguindo há décadas, com os governos, as agências das Nações Unidas e as organizações humanitárias despejando dinheiro e suprimentos nas áreas pobres, mesmo assim o fim da fome continua sendo um sonho distante. É um lugar-comum, mas não obstante verdadeiro, dizer que os ricos continuam ficando cada vez mais ricos e os pobres, cada vez mais pobres.

Agricultores e produtores de alimentos não conseguem viver de acordo com os seus rendimentos. Muitos deles acabam cometendo suicídio. Os habitantes rurais estão perdendo seu meio de vida e precipitando-se para os centros urbanos, onde trabalham em condições de escravidão ou são compelidos a mendigar nas ruas e a viver em favelas.

A angústia ecológica fica evidente à medida que destruímos o meio ambiente que dá sustento à nossa vida. Perdemos o senso de equilíbrio entre os direitos dos seres humanos e os direitos da natureza. Boa parte daquilo que é considerado progresso econômico, científico e tecnológico vem causando intensa pressão ao solo, à água e ao ar. Apesar das constantes advertências de cientistas, parece que nem os líderes governamentais nem os líderes industriais sabem como inspirar e persuadir as pessoas a mudar seu estilo de vida para deter o padrão de destruição ecológica e conduzir o mundo na direção de um futuro sustentável.

Nossa angústia espiritual é igualmente pungente. As religiões estabelecidas nem sempre fornecem sustento satisfatório para a nossa alma. Comunidades tradicionais e famílias extensas já não existem nas modernas sociedades urbanas para proporcionar o apoio psicológico e emocional que é essencial ao nosso bem-estar. Rituais e cerimônias, que costumavam criar um espaço para o enriquecimento espiritual, quase desapareceram. Festas religiosas e culturais que traziam alegria e um sentido de celebração foram, na maioria das vezes, comercializadas e se transformaram em oportunidades de compra e consumo.

As artes estão cada vez mais mercantilizadas. Elas podem nos transformar em celebridades e reforçar nossos egos, se tivermos sorte. Elas podem nos trazer dinheiro, se tivermos sucesso, mas do ponto de vista espiritual elas permanecem ineficazes.

O que podemos fazer? Para onde podemos ir? Como podemos alimentar a imaginação? Onde podemos encontrar inspiração? Onde podemos nutrir a alma? A cultura da nossa época parece não ter quaisquer respostas.

Talvez a sabedoria antiga possa nos oferecer algumas pistas para entendermos quem somos, qual é a nossa natureza e como podemos criar um padrão de vida que seja harmonioso, integrado e equilibrado.

No pensamento hindu, existe um modo de percepção do mundo como sendo composto de três qualidades chamadas *gunas*. Quando percebemos a nós mesmos e compreendemos nossa condição usando as três qualidades como uma bússola, elas são capazes de nos informar quem somos e onde estamos. Elas podem nos orientar na direção em que desejamos ir. Elas podem nos ajudar a recuperar a arte de viver e nos tirar de nossa angústia, levando-nos a uma existência pacífica, alegre e contente. As três qualidades podem ser interpretadas no contexto moderno. Elas podem lançar luz sobre a situação embaraçosa da nossa humanidade angustiada. Elas podem transmitir um pouco da sabedoria antiga ao mundo moderno. Por meio delas, podemos nos relacionar com a nossa vida cotidiana — o que comemos, o que vestimos, nossa agricultura, arquitetura, estruturas de poder, métodos de comunicação e de resolução de problemas.

O significado das três qualidades

A qualidade sáttvica é leve e brilhante.
A qualidade rajásica é estimulante e ativa.
A qualidade tamásica é pesada e dominante.
As três iluminam o caminho humano como uma lâmpada.

Ishvarakrishna, Samkhyakarika, versos 12 e 13, séculos III ao V

O conceito das três qualidades foi desenvolvido como parte da filosofia e da prática do Ayurveda, o tradicional sistema hindu de saúde que remonta aproximadamente a 5 mil anos. Ayurveda é um modo de cultivar e manter nossa saúde pessoal e social, bem como a saúde do planeta, e ainda é muito praticada na Índia.

No Ayurveda, o bem-estar depende de dois aspectos interligados: de um lado, uma mente saudável é o pré-requisito de um corpo saudável e, de outro lado, sem uma sociedade e um meio ambiente saudáveis, a saúde pessoal continuará sendo um sonho distante.

Todos os objetos, todos os pensamentos, todas as ações e todos os relacionamentos têm uma ou outra dessas três qualidades ou tendências (ou uma combinação de duas, ou de todas as três), mas uma qualidade específica é sempre predominante.

No sânscrito, essas três qualidades são denominadas *sáttvica*, *rajásica* e *tamásica*.

Sáttvico significa verdadeiro, natural, incorrupto, original, simples, sincero, bom, agradável, honesto, não diluído, refrescante, lúcido, luminoso e espiritual.

Rajásico significa régio, real, brilhante, glorioso, glamoroso, resplandecente, sofisticado, sedutor, esplêndido, forte, extravagante e excitante. A palavra para "reino", na maioria dos idiomas hindus, é "raj". *Rajas*, portanto, está ligada a poder político e prestígio.

Tamásico significa escuro, entorpecedor, deprimente, sinistro, feio, medroso, ditatorial, doentio, pesado e danoso.

Sáttvico refere-se à pureza de meios.

Rajásico diz respeito à consecução de objetivos.

Do ponto de vista tamásico, o fim justifica os meios.

A bondade é sáttvica, a raiva é rajásica e a vingança é tamásica.

A busca de satisfação é sáttvica, a de sucesso é rajásica e a de controle é tamásica.

Essas três qualidades fornecem um mapa dos três tipos de personalidade. Uma mente sáttvica preza e celebra a bondade intrínseca do mundo natural. Em cima ou embaixo, luz ou escuridão, flor ou espinho — a natureza incorpora os opostos complementares. Manter o equilíbrio e a harmonia dos opostos é o caminho sáttvico: o reconhecimento e a compreensão das coisas tais como são, sem julgamento ou desejo de transformação, seguir o fluxo, a ordem natural das coisas e permanecer sereno, é a esfera do sáttvico.

A mente rajásica tende ao aperfeiçoamento das coisas. Ela acredita que a realidade nua e crua do mundo natural pode ser reformada e mudada ou mesmo adaptada para torná-la mais adequada ao propósito humano. Para a mente rajásica, flores cultivadas são melhores do que flores selvagens; o esplendor de flores exóticas num vaso magnífico é melhor do que flores no campo.

Para a mente tamásica, o original ou o natural não vale nada. A mente tamásica vê a natureza como um animal de presas e garras vermelhas. Por conseguinte, esse tipo de mente procura se afastar da natureza o mais longe possível. As flores naturais são impermanentes — elas precisam ser renovadas, quando morrem precisam ser removidas; por isso, tamásico sente atração pelas flores de plástico. Tamásico desvincula a ideia de beleza de sua origem e é atraído por uma versão estranha e artificial da realidade.

A vida é como um rio. O fluxo normal, constante e lento é sáttvico. Somente através do seu fluxo é que o rio mantém seu frescor. De vez em quando, o rio flui por sobre um penhasco de uma maneira dramática e forma uma grande cachoeira — esse é um acontecimento rajásico. Em alguns lugares, a água é bloqueada e fica estagnada, impura e poluída. Esse estado é tamásico.

O modo de vida sáttvico está ao alcance de todos. Ele é autêntico, comum; é a vida cotidiana e não exige muito dinheiro nem muitos recursos. Ele é simples, sincero, modesto e sublime. A vida sáttvica tira seu sustento do sol, da lua e das estrelas, dos oceanos, dos picos montanhosos e das florestas. Esta qualidade sáttvica está relacionada com cultura, comunidade e criatividade. Ela é espiritual e sutil; é fácil e auto-organizada. Ela não impõe muita pressão sobre os recursos naturais. Ela deixa apenas uma pequena pegada sobre a Terra. Ela tem sustentação e é sustentável, além de gratificante e saudável.

As pessoas com um estado de espírito sáttvico cuidam dos afazeres da vida passo a passo, confiando no processo do universo e acreditando que as coisas se resolverão. As pessoas que levam uma vida sáttvica podem não se considerar sáttvicas nem alegar que o são. Cozinhar alimentos frescos em casa, cuidar das crianças e dos hóspedes, cultivar legumes e frutas no jardim, manter pequenas propriedades agrícolas, oficinas e ofícios, consertar e reparar — tudo isso se inclui no modo sáttvico de vida.

Para citar um antigo texto hindu, *Shilpa Shastra*: "Uma pessoa sáttvica é um bom ser humano, de espírito generoso, sem propensão ao rancor, santo, sábio, autocontrolado, devoto, caridoso, que sente prazer em cuidar de si mesmo e da Terra."

Essa ideia de sattva é comparável ao *Wabi-Sabi* do Japão, ao Zen do Budismo, ao Tao da China, à vertente Sufi do Islã e aos costumes dos shakers e dos amish. Sattva busca a síntese, a integridade e a diversidade. Trata do *ser* em vez do *ter*, valoriza a quietude e o silêncio, celebra o menos em vez do mais, é compreensivo e afirmativo.

A pessoa sáttvica expressa firmeza, coragem, domínio de si próprio, bom-senso, magnanimidade e sabedoria. A mente sáttvica leva à liberdade interior e exterior, à liberdade para a própria pessoa, assim como à liberdade para os outros.

Há um verso em sânscrito que Mahatma Gandhi recitava todos os dias durante as preces de manhã e de tarde, que resume o espírito sáttvico: "Não desejo um reino, o céu, o paraíso ou até mesmo o nirvana. Só desejo o fim do sofrimento de todos os seres nesta Terra." Nessa prece, Gandhi não buscava o nirvana para si mesmo; ele só desejava o fim do sofrimento para os outros; ele estava num espaço de total generosidade. Como consequência, ele estava em um estado de nirvana ainda que não o desejasse. Esta é a qualidade de uma pessoa sáttvica.

Uma pessoa rajásica vagueia de templo em templo, de livro em livro, de uma técnica espiritual para outra, recorre a drogas, à psicoterapia ou a algum outro método, procurando, buscando e ansiando pelo nirvana ou pela própria iluminação. No entanto, essa busca de si mesmo não ajuda a alcançar o nirvana. Sattva é um estado de ser passivo;

rajas é um estado de busca ativa. Sattva descobre milagres nas coisas comuns, magia em cada momento; todo dia é um dia excelente, toda respiração é uma respiração do universo, todo rio é sagrado, assim como toda montanha. Tamas revela uma mente destrutiva. Ela busca o prazer infligindo sofrimento aos outros. Ataca para se defender e destrói os interesses alheios para atender ao próprio interesse.

O modo de vida rajásico é característico de uma elite. É astuto e analítico. Ele impressiona e causa impacto; celebra a velocidade, as coisas grandiosas e extravagantes. Gosta de grandes projetos, grandes represas, grandes edifícios, grandes usinas elétricas, grandes pontes, grandes estádios e grandes espetáculos. Seu foco está no empreendimento, no resultado e no sucesso. Ele admira as celebridades, as autoridades e os poderosos. Gosta de exibição, ornamentos e efeitos extravagantes. Rajas não se incomoda com o desperdício. Geralmente, ele prega a probidade e a justiça da boca para fora, mas depois muda de posição para servir ao próprio interesse. Ele adora as soluções tecnológicas e elabora planos para conquistar o espaço. Os governantes rajásicos alegam ser a favor da liberdade, mas na prática impõem seu regime por meio da dominação e do controle. Eles acreditam que o caminho rajásico é superior e que este será possível para todos os que o adotarem. O modo de vida rajásico depende do uso excessivo dos recursos naturais e só valoriza a natureza em termos de sua utilidade para os seres humanos. Ele crê no progresso científico, no desenvolvimento tecnológico e no crescimento econômico. Rajas aprecia o poder, o dinheiro e as forças armadas. Ele anseia por conforto e comodidade.

A tendência tamásica está relacionada com as forças da escuridão. É ditatorial, astuciosa, medrosa e dissimulada. Ela causa depressão, desânimo, apatia e inércia. Está associada a cassinos, ao submundo, ao mercado negro, a prostíbulos, ao crime, às drogas, à prisão e à tortura. O modo tamásico leva ao sistema de criação intensiva, aos grandes abatedouros, à engenharia genética e à mineração em grande escala. Às vezes, o que começa como sattva se transforma em rajas e acaba degenerando em tamas. Um exemplo: a pesca em pequena escala como fonte de subsistência sáttvica para alimentar uma comunidade pode se transformar em uma atividade rajásica, na qual ainda preserva uma certa responsabilidade social e alguma preocupação com o meio ambiente, mas quando essa atividade se transforma numa frota de navios-fábrica, espalhando suas redes por várias milhas, exaurindo os cardumes de peixes, exportando-os para o mundo todo e destruindo a cultura de pesca artesanal juntamente com as comunidades que dela dependem, ocorre então a transformação da atividade rajásica em tamásica.

Quando uma economia proporciona a subsistência dos indivíduos e das famílias, ela é uma economia sáttvica. Quando a economia cresce, motivada pelo lucro, mas ainda opera dentro dos parâmetros da responsabilidade social, ela é uma economia rajásica. Mas quando os seres humanos e a Terra são usados para *servir* à economia, então esta se transforma numa economia tamásica. A maioria das empresas multinacionais opera de forma tamásica, naquilo que Joel Bakan chama de "a busca patológica por lucro e poder".

O poder político é sempre rajásico, mas ele pode facilmente se transformar em tamásico. Os governantes que administram, mantêm e organizam os negócios de seu próprio país são rajásicos, mas quando eles colonizam, constroem impérios, travam guerras de conquista e destroem outras culturas, então a política rajásica se torna tamásica; a rainha de um reino e o presidente de uma república que governam com o consentimento do povo são rajásicos; mas quando o reino se converte em império ou uma democracia se transforma em ditadura, então o regime é tamásico.

Da mesma forma, quando os soldados defendem os fracos de seu próprio país contra as invasões, ao mesmo tempo em que fazem uso de força proporcional, nesse caso eles se colocam dentro da esfera rajásica. Mas quando os efetivos militares bombardeiam outros países e matam indiscriminadamente civis, denominando isso de "dano colateral" e fazendo uso de força desproporcional, apoiada por armas nucleares, então esses efetivos militares se transformaram numa força tamásica. Maus-tratos, violação dos direitos humanos e tortura fazem parte intrínseca da ação tamásica.

Assim, a tendência sáttvica é sempre no sentido do mínimo impacto. A abordagem sáttvica da economia e da política consiste numa busca de benefícios simples e duradouros e de meios não violentos.

O modo sáttvico busca a totalidade e a harmonia.

As três qualidades da comunicação: diálogo, diplomacia e monólogo

O caminho sáttvico é o caminho do diálogo. No diálogo, estamos envolvidos em exploração e compreensão mútuas. Não existe nenhuma posição fixa, nenhum dogma, nem desejo de converter; ao contrário, existe o desejo de atingir um estágio que respeite todas as partes e honre as qualidades intrínsecas de cada posição, fazendo do diálogo uma conversação entre iguais. Podemos dialogar com as pessoas, com a natureza e com nós mesmos. O diálogo acontece com a mente e o coração abertos. Ele chega a um compromisso no âmbito do verdadeiro significado da palavra: "(com) prometer-se."

No diálogo, a mudança ocorre a partir de dentro e se origina de um entendimento compartilhado, em vez de ser imposta de fora. No diálogo, surgem percepções inesperadas, as coisas se revelam, os relacionamentos se aprofundam, as ideias se multiplicam, a imaginação se intensifica e todo mundo está envolvido em um processo de descoberta. Todos participam, todas as partes são ativas.

O caminho rajásico é o caminho da diplomacia. A diplomacia pode esconder uma posição fixa e o interesse próprio, mas exteriormente demonstra paciência, polidez e intenção pacífica. Ela procura encontrar uma maneira de convencer, de vencer pela argumentação, pela negociação e até mesmo pelo suborno. Procura evitar o confronto ou o fracasso da comunicação. É o modo de fazer acordos, selar contratos comerciais e fechar acordos políticos. Na diplomacia, há muita publicidade — fazem-se muitas reuniões sociais, o champanhe flui, o ego é massageado, todo mundo se sente importante e o tapete vermelho é estendido. Esse é o domínio de rajas.

O caminho tamásico é o caminho do monólogo. O monólogo confia cegamente em sua própria retidão. Ele parte do pressuposto de que "eu estou certo, você está errado. Mude, ou então". O monólogo ameaça, bajula, xinga, denigre, impõe e recorre à força bruta. Ele leva ao monopólio e à monocultura. Tamas está preso ao monólogo. Ele quer que as coisas sejam do seu próprio jeito, de qualquer maneira. Ele adota a violência e é movido por raiva, orgulho, cobiça, ilusão e luxúria. Seus métodos são opressivos. Ele justifica os erros e jamais os reconhece, mesmo quando todo mundo consegue ver que as coisas deram errado; uma pessoa tamásica tem dificuldade em pedir desculpas.

A abordagem tamásica mostra o medo de perder desde o início, enquanto que a abordagem sáttvica se baseia na confiança: autoconfiança, confiança no outro e confiança no processo de comunicação.

As três qualidades do tempo: presente, futuro e passado

O tempo também pode ser compreendido em termos dessas três qualidades. Viver aqui e agora, agir com espontaneidade e naturalidade, reagir a uma situação tal como é e ver o momento presente como um momento belo, isso é sáttvico. No tempo sáttvico não há julgamento, nem falsa explicação, nem interpretação, pois estes processos pertencem ao passado ou ao futuro; eles fazem parte da reflexão sobre o que já aconteceu ou do planejamento do que está por vir. Viver no momento presente, estar satisfeito com o que acontece agora e sentir gratidão por todas as dádivas do momento, isso é sáttvico.

Aqui vai uma história:

Um pescador estava deitado ao sol numa praia, cochilando. Ele terminara o seu dia de pesca; acabara de almoçar e agora chegara a sua hora de descansar.

Um comerciante o viu deitado ociosamente e perguntou: "Por que você não está trabalhando hoje?"

"Já terminei meu trabalho. Saí no meu pequeno barco esta manhã, peguei alguns peixes, vendi alguns, cozinhei e comi alguns outros; agora é hora de descanso, hora da minha sesta", respondeu o pescador.

"Mas você poderia pegar uma quantidade maior de peixes, não poderia?", indagou o comerciante.

"Por que eu faria isso?", perguntou o pescador, surpreso.

"Nesse caso, você poderia ter um pouco mais de dinheiro, comprar um barco maior com motor que poderia transportar redes muito maiores e pegar ainda mais peixes", replicou o comerciante.

"Por quê?", perguntou o pescador.

"Bem, aí então você poderá ter uma frota de barcos, fundar uma empresa e, quando ela for bem-sucedida, você poderá vendê-la e ganhar muito dinheiro", disse o comerciante.

"E daí?" O pescador estava perplexo.

"Aí você poderá se aposentar e deitar para sempre na praia sem nenhuma preocupação", insistiu o comerciante.

"Mas estou fazendo exatamente isso agora. Estou tirando minha sesta, não tenho nenhuma preocupação com relação ao futuro. Sou feliz, muito feliz. Tenho o suficiente e o suficiente é bastante para mim. Sou abençoado com o mar, a luz do sol e tempo de sobra para desfrutar a vida. Por que eu iria arranjar sarna para me coçar?"

O comerciante, a princípio atônito, logo se afastou sorrindo.

O pescador levava uma vida sáttvica — uma vida vivida no aqui e agora. Ele estava em paz.

A ênfase no futuro é rajásica. Nossa mente fica envolvida com projetos emocionantes: "Vamos fazer isto, vamos morar ali, vamos guardar isto para um dia chuvoso, vamos ter mais, tudo o que há de mais novo e melhor." Todo esse planejamento e toda essa projeção são rajásicos. Nós abrigamos muitos projetos grandiosos, cegos para aquilo que está diante de nós no momento presente.

Eis outra história:

Um jovem chamado Sheikh Chili achava-se em um mercado. Um negociante chamado Govinda pediu a ele que carregasse um vaso de argila cheio de óleo de gergelim até a sua casa, do outro lado da cidade.

"Eu lhe pagarei dez rúpias", disse Govinda.

"Quinze rúpias, senhor", Sheikh Chili negociou.

"Tudo bem, quinze rúpias, então", disse o negociante.

Govinda ajudou Sheikh Chili a levantar o vaso de argila e a equilibrá-lo sobre um aro de pano em cima da cabeça. Sheikh Chili seguiu o negociante alegremente e começou a sonhar com o futuro...

"Com quinze rúpias vou comprar uma galinha e um galo. A galinha porá muitos ovos e eu terei muitos frangos. Vou vender os frangos e comprar uma cabra e um bode e eles terão muitos filhotes. Vou vender os filhotes, ganhar muito dinheiro e depois comprarei uma vaca e um boi. Por fim, vou comprar uma casa e então poderei me casar e com o dote da minha esposa terei dinheiro de sobra. Vou ter filhos e eles vão me chamar para o jantar delicioso preparado pela mãe deles..."

Ele estava planejando o seu futuro e, em absoluto encantamento, abriu os dois braços, dizendo aos filhos imaginários: "Sim, sim, já estou chegando; estou chegando para o meu jantar!" Nisso, ele esqueceu completamente o vaso de óleo em cima da sua cabeça, o qual caiu ruidosamente no chão e partiu-se em cacos. O óleo não só escorreu para uma vala próxima, como também o negociante exigiu, irado, que ele pagasse pelo vaso e pelo óleo. Sheikh Chili caiu em prantos. Estava endividado.

Viver no futuro é rajásico. Viver no passado é tamásico: "Por que você fez isso? Por que não fez aquilo? Não devíamos ter feito isso!" Queixamo-nos e nos lamentamos. Mas o passado é passado, ele veio e se foi, não podemos modificá-lo. Viver no passado é maçante e deprimente, diminui a nossa capacidade de estarmos inteiros e desvia a nossa atenção de viver plenamente no presente. A história a seguir ilustra isso:

Dois monges, Ananda e Ashoka, chegaram a um rio de correnteza rápida e estavam se preparando para atravessá-lo. Uma jovem estava em pé na margem também querendo atravessá-lo.

"Ei, monges — estou com medo de cruzar o rio sozinha, mas preciso chegar até a outra margem. Vocês podem me carregar, por favor? Eu sou muito leve", disse ela.

Os monges olharam para ela e hesitaram. Então, depois de alguns instantes, Ananda foi até ela e disse: "Tudo bem, suba nas minhas costas."

Ele carregou a mulher atravessando o rio, chegou até a outra margem e a deixou lá.

Os dois monges continuaram a sua jornada. Ashoka, porém, continuava pensando: "Somos celibatários. Ananda jamais deveria ter entrado em contato tão íntimo com uma mulher. Os seios dela estavam pressionando contra o corpo dele. Ela estava segurando-o, firme. E Ananda estava segurando as coxas da mulher. Isso é errado, errado, errado. Isso é contra as regras." Ashoka ficou obcecado com esses pensamentos. Ele perdeu a paz de espírito e estava passando por um estado de angústia e agitação. O tempo passava e ele continuava remoendo aqueles pensamentos. Depois de uma hora mais ou menos, ele não conseguiu segurar mais a língua. Ele atacou severamente Ananda: "Ananda, o que você fez, você quebrou nossos votos de celibato! Você carregou aquela mulher nas suas costas; isso foi errado. Você precisa se confessar com nosso mestre esta noite."

"Ashoka, eu deixei a mulher na margem do rio muito tempo atrás", Ananda respondeu, "mas parece que você ainda a está carregando na sua cabeça!"

Ananda estava vivendo no presente, um estado sáttvico, enquanto Ashoka estava vivendo no passado, um estado tamásico.

Sábios filósofos nos aconselham a viver no presente o máximo possível, digamos 80 por cento do tempo. Então devemos negociar nossa transação com o futuro; digamos 15 por cento do tempo. Naturalmente, temos de reconhecer que é inevitável viver um pouco no passado, mas devemos reduzi-lo ao mínimo e não deixar que ele nos domine completamente. Cinco por cento do nosso tempo gasto em lidar com o passado é mais do que o suficiente.

As três qualidades dos alimentos: doce, picante e insípido

Os alimentos também, são sáttvicos, rajásicos e tamásicos. O que pode ser facilmente digerido é sáttvico. Os frutos amadurecidos pelo sol, que não exigem nenhum esforço de cozimento e pouco esforço na digestão são os mais sáttvicos. Existem pessoas frugais que só comem as frutas da estação e nada mais. Vegetais crus, tais como verduras e sementes germinadas, que dispensam cozimento e são de fácil digestão, entram na categoria sáttvica. Feijões, ervilhas, favas, batatas, grãos integrais e pequenas porções de doces e pudins são todos sáttvicos. O modo sáttvico de comer é lento e moderado. Devemos comer um pouco menos do que a nossa capacidade, de modo que, quando terminamos nossa refeição, ainda nos sentimos leves. Os alimentos sáttvicos são refrescantes, saborosos, naturalmente doces e, quando necessário, levemente cozidos.

Compartilha-se o alimento com qualquer um que estiver presente — com a família, os amigos, os convidados e até com estranhos que aparecem inesperadamente. Parte dele deve ser oferecida aos pássaros, aos outros animais e aos insetos como coguardiões dos alimentos que comemos.

Os alimentos sáttvicos são cultivados e consumidos localmente. A cultura de alimentos sáttvicos implica que todos nós participemos do cultivo, da preparação ou do cozimento deles de qualquer forma possível. O alimento sáttvico é uma dádiva da natureza e não uma mercadoria para compra e venda. Esse alimento existe em abundância, não sofre de escassez, cresce em toda parte e está disponível para todo mundo, para todos os seres vivos — a espécie humana e as outras espécies. Sattva desencoraja o desperdício; tudo que vem da terra a ela retorna. Não há necessidade de fertilizantes, substâncias químicas, pesticidas, herbicidas, nenhuma necessidade de que a terra produza mais do que ela pode naturalmente produzir. E o alimento é recebido da terra com um sentimento de gratidão. A agricultura sáttvica é sempre orgânica e natural.

O que não é comido serve de composto, assim também aquilo que é comido, através da mistura de urina e excremento. A terra não faz distinção entre excrementos de pássaros, estrume animal ou fezes humanas. A terra e os processos naturais têm como digerir e transformar tudo em nutrientes. Sattva implica uma existência sem nenhum desperdício. Para um praticante sáttvico da vida, a natureza mostra o modo de viver correto. Visto que não há nenhum desperdício na natureza, o modo sáttvico de viver do ser humano também não tem desperdício.

Os seres humanos, na filosofia sattva, são considerados como *parte* da natureza, não como *à parte* dela — não existe nenhuma separação e nenhum dualismo entre a natureza e os seres humanos, ou entre o modo natural e o modo sáttvico. O modo natural é o modo sáttvico, e o modo sáttvico é o modo natural.

O alimento sáttvico é alimento sagrado. Na visão de mundo sáttvica, a terra é sagrada, as sementes são sagradas, o cultivo e o cultivador são sagrados, o cozimento é sagrado, comer é sagrado, lavar a louça é sagrado. Na Índia rural, os agricultores que praticam a forma tradicional de agricultura nunca vendem sementes. Se um agricultor precisa de sementes, então elas são compartilhadas de graça.

O alimento rajásico é excitante e estimulante. Cebola, alho e pimenta malagueta, assim como alimentos picantes, salgados, gordurosos e fritos são rajásicos. A culinária rajásica é requintada. Ela pode ser preparada por chefes de cozinha renomados para ser comentada e apresentada em festas e banquetes. Ela tem mais a ver com aparência e apresentação do que com nutrição. É a comida da moda. Os alimentos são importados de muito longe sem levar em conta o seu amadurecimento ou o longo percurso que fazem. A comida rajásica é aristocrática — aqueles que a comem não participam do seu cozimento ou cultivo, e aqueles que a cultivam e cozinham são vistos como inferiores àqueles que a comem. Ocorre muito desperdício, e a própria comida é considerada menos importante do que aquele que a come. A comida rajásica é uma mera mercadoria a ser comprada e vendida.

Os agricultores rajásicos julgam-se os "donos" da terra. Outros seres humanos e criaturas selvagens são vistos como invasores — os seres humanos são impedidos de entrar por cercas e os animais selvagens, que supostamente estão interferindo na colheita, são forçados a sair da propriedade.

A terra e a natureza só são valorizadas em termos de sua utilidade para os proprietários. Não há nenhum reconhecimento do valor intrínseco de todas as formas de vida. Conservação, gestão da terra, agricultura e criação de animais são empreendidas principalmente em benefício dos proprietários.

A comida tamásica é intoxicante, entorpecente, deprimente e mais difícil de digerir. Álcool, carne, conservantes, drogas e alimentos velhos ou envelhecidos entram na categoria de tamas. *Fast food*, alimentos prontos, duráveis, superprocessados, com baixo ou nenhum valor nutritivo, tais como os refrigerantes e outras bebidas efervescentes, estão cheios de tamas. O impulso tamásico quer cortar custos, controlar processos e encontrar atalhos para produzir certos sabores. O alimento produzido com excessiva violência, a exemplo da criação de camarões e salmões em tanques, de frangos em baterias de gaiolas, de porcos em chiqueiros, de bezerros em estábulos escuros, de vacas em espaços confinados, além da caça à raposa a cavalo e com cães, entra na categoria de tamas.

A atitude de uma pessoa com relação a um alimento também determina, até certo ponto, a sua qualidade tamásica. Os caçadores nas culturas tradicionais tiram a vida somente para atender a suas necessidades vitais. Em climas frios, tais como o Ártico, a Sibéria ou o Tibete, onde a vegetação é esparsa e só disponível por um período muito limitado do ano, a caça de animais para atender às necessidades humanas não é tamásica. Mas quando fazem com que os animais sofram e quando eles são manipulados e suas vidas controladas para que sirvam ao gosto do paladar, então essa prática é tamásica. Como podemos comer a carne de animais petrificados e infelizes, sem não absorvermos algumas dessas qualidades negativas? Quando os animais são mantidos vivos em condições artificiais por meio de drogas, hormônios e antibióticos, e depois são comidos por seres humanos, não há como evitar consequências adversas à saúde e à psique humana. Esse comportamento externo, que inflige crueldade aos animais e à natureza, certamente favorece uma crueldade interna nos seres humanos. A comida tamásica leva a um comportamento tamásico.

O agronegócio industrializado, que destrói a biodiversidade e produz monoculturas com o uso de maquinário pesado, fertilizantes químicos, pesticidas e herbicidas, é agricultura tamásica. O alimento é produzido para gerar lucro, mais do que para alimentar as pessoas. Colheitas são queimadas ou jogadas fora para manter alto o seu valor de mercado. Montanhas de alimentos são retidas enquanto as pessoas sofrem ou morrem de fome. Esse é o pior aspecto de tamas.

Existem 300 milhões de espécies na Terra. Todas elas são alimentadas sem a interferência do mercado. Mas, no sistema tamásico, as terras, as florestas e os rios são propriedade de um pequeno grupo seleto, enquanto grandes contingentes de pessoas são privadas do acesso à comida e à água. Nenhuma outra espécie sofre de fome; a fome é apenas um fenômeno humano. Pessoas sensatas sempre têm instado a sociedade a evitar esses meios tamásicos de produzir, distribuir e administrar os alimentos.

Tamas vê a natureza como inferior, inadequada, incompleta e imperfeita. As pessoas tamásicas, na sua arrogância, ignorância e cobiça, se envolvem na manipulação dos sistemas naturais, acreditando que podem melhorar a natureza em proveito próprio. A assim chamada "revolução verde", na qual sementes híbridas foram desenvolvidas com enormes insumos químicos, irrigação e equipamentos mecanizados em larga escala, utilizou os métodos tamásicos de produzir alimentos. A ideia da revolução verde prossegue com o desenvolvimento da manipulação genética, da engenharia genética e das tecnologias terminator, nas quais a produção de sementes se torna o monopólio de algumas grandes empresas, tais como a Monsanto, a Cargill e a Dupont, e nas quais as sementes perdem a sua potência reprodutiva. Isso é ditadura humana sobre a natureza que vem sendo aclamada como progresso e desenvolvimento. Na realidade, esta é a forma de agricultura tamásica.

As comunidades que praticam o sistema sáttvico de produzir alimentos — preservando a terra, economizando as sementes e celebrando a elegância de uma vida simples — são vistas como atrasadas e subdesenvolvidas, sendo subjugadas pelo bastão tamásico da força agressiva. Mas, na verdade, as pessoas que praticam uma relação sáttvica com os alimentos desfrutam de saúde e vitalidade melhores, pois tratam o alimento como tal.

As três qualidades dos edifícios: casas, palácios e prisões

Uma casa sáttvica é um lar confortável, adequado e sereno. Ela se adapta facilmente à paisagem. Uma construção assim é parte *da* paisagem, em vez de estar apenas inserida nela. Ela está em harmonia com o entorno. É construída não para impressionar, mas para acomodar. Ela faz uso comedido dos materiais, e estes materiais são locais, naturais e orgânicos. Argila, tecido, couro, palha, madeira, pedra, ardósia, terra e até mesmo vidro usado com moderação podem ser chamados de materiais sáttvicos. Essas estruturas, feitas artesanalmente, são construídas para durar e, quanto mais velhas ficam, mais maduras e encantadoras se tornam. Não há nenhuma beleza inventada nelas, sua beleza é inerente e substancial. As moradias sáttvicas se revelam delicadamente à medida que se constroem, e mais delicadeza lhes é acrescentada conforme e quando a necessidade surge. Elas evoluem de acordo com as condições climáticas, a geografia, a cultura e o estilo de vida. Tendas, iurtas, iglus, cabanas, barracas, chalés, quintas, celeiros, bangalôs, casas comunais, varandas, casas geminadas, reboques usados pelos ciganos, guaritas e muitas outras formas de moradias que se desenvolveram ao longo dos séculos ao redor do mundo, criando aldeias, cidades-mercados, áreas e centros urbanos, todas essas são formas sáttvicas. Esses edifícios não só atendem às necessidades físicas de seus habitantes, mas também suas necessidades emocionais, psicológicas e espirituais. Quando as casas são construídas com amor e cuidado, elas geram uma qualidade invisível de harmonia, afeto, contentamento e satisfação. As casas sáttvicas são mais do que recintos práticos; elas contêm uma qualidade anímica, elas têm espírito.

Os edifícios rajásicos representam uma declaração de importância. Palácios, pirâmides, castelos, catedrais, domos, parlamentos, câmaras e assembleias municipais, salas de concerto, teatros, óperas, estádios, transatlânticos e grandes iates são construções rajásicas. Eles projetam poder, autoridade, esplendor e status. São construídos com pedras de mármore bruto ou lapidado; às vezes, são cercados de muros, protegidos, fortificados e guardados de modo a manter a elite a salvo e afastar as multidões.

Os edifícios tamásicos são inteiramente utilitários e sem nenhuma beleza. Prisões, *bunkers* nucleares e outros abrigos subterrâneos, assim como quartéis militares, são exemplos óbvios de estruturas tamásicas, mas até mesmo as estruturas sem alma de alguns modernos hospitais, escolas e centros de compras são igualmente tamásicas. Arranha-céus das áreas centrais urbanas e conjuntos habitacionais, onde as pessoas são encaixotadas juntas num ambiente cruel, sem nenhum espaço para respirar, sem o abrigo de árvores, sem grama, sem terra, sem água, sem flores, são tamásicos. Esses edifícios produzem depressão, criminalidade e alienação.

Estruturas tamásicas são construídas com cimento, concreto, blocos de concreto celular, aço, plástico, fibra de vidro, amianto e outros materiais inorgânicos, desagradáveis e não naturais. As pessoas que vivem nesses edifícios perdem o sentimento de pertencer e fazer parte de uma comunidade. Esses edifícios geram poluição, desperdício e doenças. Eles representam um peso para o meio ambiente — por exemplo, os edifícios que ocupam os 2590 km^2 de Canary Wharf, em Londres, com seus sistemas e equipamentos, que primeiro esquentam e depois precisam ser resfriados, consomem tanta energia elétrica quanto o País de Gales inteiro. Esse gasto perdulário de recursos é tamásico. Edifícios desse tipo não fazem nenhum uso de luz solar ou de ar fresco. Eles são aquecidos artificialmente, esfriados artificialmente, iluminados artificialmente e ventilados artificialmente, usando uma grande quantidade de combustível fóssil e causando aquecimento global e mudanças climáticas. Esses sistemas são controlados por computadores, e as pessoas que utilizam esses edifícios não podem reduzir nem aumentar o aquecimento, o esfriamento, a iluminação ou a ventilação. A arquitetura dessa natureza, que impõe, dita e controla o comportamento humano é puramente tamásica, pois carece de tranquilidade, sinceridade, autenticidade e sustentabilidade. Não existe nenhum senso de responsabilidade humana nesse tipo de arquitetura.

A arquitetura que se impõe sobre a vida daqueles que utilizam o espaço é rajásica ou tamásica, enquanto os edifícios sáttvicos prestam-se a ser habitados. Eles recebem seus ocupantes de maneira hospitaleira, fornecendo descanso e paz da agitação mundana e estimulando a imaginação e a criatividade.

As três qualidades dos tecidos: algodão, seda e sintético

As roupas têm as mesmas três qualidades. A maneira sáttvica de se vestir e de usar acessórios é cômoda, agradável, adaptada ao clima e feita de materiais locais e naturais. Algodão, linho, lã, juta, cânhamo e outras fibras naturais semelhantes são usados para a confecção de roupas sáttvicas. As roupas sáttvicas são feitas a mão, costuradas a mão, fiadas a mão, tecidas a mão, bordadas a mão, pintadas a mão e tingidas a mão. Elas são bonitas, úteis e duráveis ao mesmo tempo. Elas são consertadas, remendadas e modificadas; quando gastas, são reutilizadas em colchas, trabalhos com retalhos, apliques, tapetes ou simples panos de limpeza.

As roupas sáttvicas vêm em cores sáttvicas — naturais, não descoradas e tratadas com corantes vegetais orgânicos naturais. Essas cores são suaves para os olhos, telúricas, macias, variadas e transitórias. O tecido pode ser tingido e retingido.

No Rajistão, na Índia, onde cresci, as cores têm significado e simbolismo: o marrom é a cor do espírito; o amarelo é a cor da paz; o branco é a cor da pureza; o verde é a cor da renovação; o vermelho é a cor do amor.

As roupas rajásicas são impressionantes, esplêndidas, exuberantes, atraentes e chamam a atenção. Seda, cetim, caxemira e paxemina são materiais especificamente rajásicos. O tecido rajásico tem trama ou bordado em ouro e prata, às vezes até mesmo com pérolas e joias preciosas. Adornos e joias feitos de ouro e diamantes são rajásicos. As roupas rajásicas costumam ter etiquetas de *designer*; elas são caras e sujeitas a modas passageiras. Todos os anos são lançados novos modelos, sem nenhuma preocupação com reparo, reutilização, reciclagem e tingimento. Com frequência, as roupas são feitas para serem usadas numa única ocasião e depois descartadas.

As cores rajásicas se tornam permanentes com o uso de substâncias químicas. A combinação de acessórios acentua o poder e a posição de quem os usa. Um guarda-roupa rajásico é extenso e exagerado; o usuário sente orgulho em "possuir", em vez de "precisar". A moda rajásica é "moda de poder". O exemplo lendário é o de Imelda Marcos com seus milhares de pares de sapatos.

Há um episódio interessante na vida de Mahatma Gandhi. Quando ele esteve na Inglaterra, teve uma audiência com o príncipe. Depois, um jornalista lhe perguntou: "Como se sentiu ao se encontrar de tanga com o príncipe, sr. Gandhi?"

"Eu me senti perfeitamente à vontade, já que o príncipe estava usando roupas suficientes para nós dois!", respondeu o Mahatma. O príncipe usava roupa rajásica e o Mahtama, sáttvica.

A indumentária tamásica é assustadora e sinistra. Calças de couro preto com botões, óculos escuros, jaquetas de couro preto, braceletes e colares de metal pesado, botas de couro duro e capacetes são típicos. O estilo de roupa vulgar, chocante e que exibe partes do corpo também é tamásico. Essas roupas são para sedução e domínio, induzindo medo ou submissão. Frequentemente, as peças de roupa são artificialmente tensionadas e passam por um processo de lavagem industrial na presença de pedras ou enzimas de modo a criar rasgos e buracos que expõem a pele e prendem a atenção. Em vez de serem feitas para durar, essas roupas estão quase gastas antes mesmo de serem vendidas!

Roupas produzidas em fábricas situadas em países pobres, que utilizam trabalhadores ilegais em condições subumanas, mal pagos e com longas jornadas de trabalho, podem dar a ilusão de serem de boa qualidade, mas, na verdade, elas são tamásicas. O impacto dessas roupas produzidas em massa, que circulam pelo mundo, sendo cortadas em um país, costuradas em outro e fechadas com zíper num terceiro, é devastador para o meio ambiente. O uso excessivo de combustíveis fósseis nessa produção está causando o aquecimento global e não pode ser descrito em outros termos senão como tamásico. Tecidos feitos com materiais à base de petróleo, tais como náilon, acrílico, poliéster, etc., também são tamásicos, já que o impacto desses tecidos pode ser prejudicial tanto para a saúde como para o meio ambiente a longo prazo, embora seja invisível a curto prazo.

Esses materiais são intrinsecamente estranhos ao corpo, hostis ao contato e irritantes para a pele. Tecidos sáttvicos têm um relacionamento imediato com o corpo — a lã nos atrai por ser quente e aconchegante no inverno, enquanto o algodão é refrescante no calor do verão. O formato é natural e confortável, permitindo que o corpo se ajuste facilmente, em vez de controlar sua forma ou exagerar certos aspectos. As roupas sáttvicas celebram e realçam a forma real, os gestos e os movimentos particulares de cada corpo.

As três qualidades do poder

Por fim, esses três gunas se relacionam com o nosso estado de espírito. Eles residem mais no fundo do coração do que na aparência externa. Exteriormente, é possível uma pessoa viver com muita simplicidade, sem nada possuir a não ser uma tanga e uma cabana de palha, mas, interiormente, essa pessoa pode ser cheia de ego, luxúria, raiva, apego e ódio. Na aparência, ela dá a impressão de ser um exemplo vivo de pessoa sáttvica, mas, na realidade, pode ser o oposto.

Por outro lado, uma pessoa pode ser rica, recebendo como herança status, prestígio e posses, mas ser, interiormente, humilde, desapegada e cheia de amor por todos os seres vivos. Exteriormente, essa pessoa aparenta ser rajásica, mas na realidade ela é verdadeiramente sáttvica e serena.

Em outras palavras, uma certa aparência exterior, seja ela de pobreza ou de riqueza, poderia ser conferida a duas pessoas cujo estado íntimo de ser é muito diferente.

Tanto uma pessoa rajásica quanto uma pessoa sáttvica podem possuir poder. Então, o que distingue o poder que ambas possuem? A história a seguir responde a esta questão.

No reino de Mithila, no norte da Índia, vivia um rei chamado Janaka. Ele amava a terra, as florestas, os rios, as pessoas e os animais. Ele não aceitava nenhuma remuneração pelas suas obrigações régias da secretaria do tesouro. Ele geria todos os assuntos de estado como um ato de serviço ao seu povo. Para seu próprio sustento, ele arava a terra, debulhava o arroz e ordenhava as vacas. Como um dever régio, ele participava das cerimônias, rituais e dos tribunais de justiça.

Um dia, no céu, o deus Vishnu elogiou o rei Janaka como um homem de coração sáttvico. Ao ouvir esse elogio, um dos seguidores de Vishnu, um ser celestial, disse com ceticismo: "Certamente um rei, com tanta pompa e prestígio, é rajásico — é por isso que ele é chamado 'Rajá'! Como ele pode ser chamado sáttvico se leva uma vida tão rajásica? Não consigo acreditar que ele possa se livrar das qualidades rajásicas e, ao mesmo tempo, levar uma vida de rei."

Vishnu respondeu: "Por que você não vai descobrir por si mesmo?"

Então, o ser celestial tomou a forma de um sacerdote brâmane, desceu à Terra e apresentou-se ao rei Janaka em campo, às margens do rio Ganges, onde ele estava hospedado numa casa de fazenda.

"Bem-vindo, santo homem!", disse Janaka. "O que o traz aqui? Posso lhe oferecer algumas mangas gostosas e frescas?"

"Sim, senhor. Eu ficaria muito satisfeito em provar as famosas mangas desta terra. O senhor é o rei deste país? Até onde o seu reino se estende? Onde ele termina?"

O rei Janaka respondeu: "Esta terra não me pertence. Eu pertenço à terra. Como alguém pode ser rei da Natureza?"

O sacerdote olhou para a capital à distância e perguntou: "Então, o senhor é o rei do povo desta cidade?"

"Talvez eu seja."

O sacerdote, com seus poderes mágicos, criou uma ilusão pela qual parecia que a cidade de Janakpuri estivesse ardendo em chamas, envolta por um fogo terrível, com o céu acima carregado de fumaça preta, sem nenhuma possibilidade de socorro. Janaka olhou para a cidade incendiada e disse: "Se eu fosse verdadeiramente o rei deste lugar, eu seria capaz de controlar as chamas e salvar a população. Não, não é possível que eu seja o rei do lugar. O céu e os elementos obedecem suas próprias leis e nenhum ser humano é capaz de governá-los. Nós somos todos governados pelas leis do universo."

"Então, por que o senhor é chamado de rei? Será o senhor rei do seu corpo?", insistiu o sacerdote.

O rei Janaka parou por um momento e depois disse: "Talvez eu seja. Mas, nesse caso, tenho controle sobre o meu corpo? Meu corpo envelhece e adoece por iniciativa própria. Posso impedir que a morte leve embora o meu corpo? Não, não posso. E se nem mesmo sou rei do meu corpo, não sou rei de nada. Faço parte do grande fluxo da vida. E nós desempenhamos por inteiro um papel nesse fluxo. Você e eu desempenhamos nossos papéis neste drama divino, a *lila*, do universo.

O sacerdote ficou tão comovido com as palavras do rei Janaka que revelou sua verdadeira forma de ser celestial e, fazendo uma reverência, disse: "Ó grande homem, você reconheceu a Verdade, você compreendeu a essência suprema da existência, você está livre do anseio e do desejo de controlar e dominar os outros. Eu o saúdo. Até os deuses no céu estão elogiando sua integridade e sua natureza sáttvica."

"É mesmo?", disse o rei, surpreso. O poder das pessoas sáttvicas, como o do rei Janaka, não se origina do trono que ocupam ou do cargo que exercem, ou da aparência externa que projetam. É um poder interior que as fazem merecer o amor e o respeito dos outros, e esse poder, por sua vez, dá poder aos outros. Elas não exercem poder sobre os outros, mas os inspiram a descobrir e a desenvolver seu próprio poder interior.

O rei Janaka ocupa um lugar na longa sucessão de indivíduos que tiveram esse poder interior, tais como Buda, Jesus Cristo,

Mahatma Gandhi, Martin Luther King e o Dalai Lama. Eles e muitos outros líderes sáttvicos continuam a influenciar o coração e a mente de milhões de pessoas, não com o poder do seu cargo, mas com o seu poder espiritual.

Os governantes rajásicos adorariam ter tal influência genuína sobre outras pessoas, mas não conseguem pois lhes falta o poder da alma. Por estarem obcecados em impor seu controle, eles o perdem por completo. Paradoxalmente, aqueles que renunciam ao poder sobre os outros se tornam verdadeiramente poderosos, e aqueles que buscam o poder perdem o poder real.

Mesmo quem leva uma vida rajásica pode incorporar atitudes, valores e práticas sáttvicas. Nós todos podemos tentar evitar, se não eliminar de vez, tendências tamásicas da nossa vida. Não é importante julgar em que posição da escala estamos num determinado momento; o que é importante é a direção para onde nos voltamos e o caminho que seguimos.

O fim da angústia

Quando olhamos para o mundo moderno através da "bússola espiritual" dos três gunas, constatamos que as ideologias rajásicas se tornaram os valores dominantes que justificam a maioria de nossas ações, decisões e procedimentos no plano pessoal, político ou social.

O paradoxo é que a maioria de nós almeja resultados sáttvicos, tais como um ambiente bonito, uma boa saúde e uma existência satisfeita; no entanto, somos atraídos pelo rajásico, que parece glamouroso e empolgante com promessas de um futuro maravilhoso, com atalhos e métodos de soluções fáceis e rápidas.

Consequentemente, o nosso desejo de alcançar objetivos sáttvicos usando meios rajásicos acaba nos angustiando. Queremos, por exemplo, alcançar a paz, mas seguimos o caminho da guerra (que é uma descida rajásica em direção à esfera do tamásico). Queremos felicidade, mas seguimos o caminho rajásico do materialismo, do poder e do dinheiro. Queremos alcançar a coesão da comunidade, mas seguimos a tentação rajásica do interesse próprio. Assim, continuamos mergulhando cada vez mais fundo na frustração pessoal e na miséria política.

Qual é a solução? A solução é reconhecer que os meios rajásicos não são capazes de alcançar os fins sáttvicos.

Não existe uma solução única para nossos múltiplos sofrimentos. Não poderemos nos livrar do problema da angústia se buscarmos uma grande resposta imposta de cima. As soluções autênticas ou sáttvicas são múltiplas, elas surgem e se desenvolvem de dentro para fora, de baixo para cima. A angústia terminará quando pararmos de tentar controlar e impor soluções de fora.

Precisamos nos libertar da ambição rajásica de respostas radicais e grandiosas ou de curas milagrosas. O que vai funcionar é algo que surge de dentro de cada situação, assim como uma árvore surge de uma semente. Os métodos sáttvicos são humildes. Eles se movem lentamente, mas com segurança, e se desenvolvem passo a passo. Não podemos, por exemplo, impor de fora a democracia a um país. As formas apropriadas de democracia e de governança têm de surgir e se desenvolver de dentro dos países e das comunidades, refletindo a sua índole local.

Os três gunas podem ser uma bússola também em nossa vida pessoal. Eles podem ajudar a avaliar qual seria a maneira mais apropriada de ação para um indivíduo, de acordo com a sua verdadeira natureza e com as suas próprias necessidades mais profundas. Se seguíssemos nossas necessidades mais profundas, poderíamos decidir, por exemplo, ter uma casa menor com um jardim mais amplo, em vez de um apartamento deslumbrante num bairro elegante e caro. Podemos escolher trabalhar perto do lugar onde moramos com uma renda menor, proporcionando mais tempo para nós mesmos, para nossa família e para nossos amigos, em vez de percorrermos longas distâncias em busca de salários mais altos ou de maior prestígio.

Somente cada um de nós conhece suas próprias qualidades sáttvicas e sabe como desenvolvê-las a partir de dentro de si mesmo como um processo evolutivo. Nossas necessidades mais profundas serão reveladas pela nossa própria voz interior. Corresponder às expectativas alheias ou tentar satisfazer as exigências da sociedade contra nossa própria natureza e contra nossa voz interior só pode levar à frustração.

O autêntico, sáttvico modo de viver só pode surgir de dentro, respeitando a natureza da realidade e seguindo-a com humildade.

É claro que os ideais sociais ou espirituais expostos por grandes mestres ou influentes livros podem suscitar uma reação e funcionar como um fósforo que acende uma vela, mas a capacidade de gerar luz tem de estar na própria vela; a natureza da reação precisa vir de dentro. Ela não pode ser imposta de fora.

É por isso que a maioria dos filósofos do Oriente assim como do Ocidente tem falado da necessidade de "conhecer a si mesmo". Uma vez que reconheçamos e comecemos a viver nossa própria natureza, estamos no caminho sáttvico. Quando nos desviamos de nossa própria natureza, caímos na armadilha rajásica e tamásica. Assim, em última análise, a busca sáttvica é a busca da verdade: conhecer a si mesmo e ser quem você verdadeiramente é. Quando aceitamos a nós mesmos da maneira como somos, descobrimos nosso próprio caráter e encontramos alegria e felicidade no cerne de nossa própria criatividade, espiritualidade e imaginação.

A verdadeira natureza da alma é sáttvica e está além do bem e do mal, além de todas as aparências. Da mesma maneira que os elementos da terra, ar, fogo e água e o espaço estão além das distinções morais de bem e mal, assim também é a essência de todos os seres.

Portanto, o propósito do discurso ayurvédico é mostrar que a saúde e a integridade residem em ser fiel a si mesmo. Como Shakespeare escreveu:

Acima de tudo, isto: sê fiel a ti mesmo
E disso se segue, como a noite ao dia,
Que não podes, pois, ser falso com ninguém.

As três qualidades nos põem diante de uma escolha rigorosa, e naturalmente os mestres do Ayurveda nos ensinam a escolher o modo sáttvico de vida, que é o modo da simplicidade elegante e da espiritualidade profunda.

Tendo descrito o significado e o escopo das três qualidades, nos capítulos seguintes vou me concentrar na importância do sattva como uma qualidade espiritual.

A hospedaria

Este ser humano é uma hospedaria,
A cada manhã, uma nova chegada.

Uma alegria, um desânimo, uma baixeza
Uma consciência momentânea surge
Como um visitante inesperado.

Acolha e celebre todos eles
Mesmo que sejam uma legião de tristezas
Que removam, com violência,
Todos os móveis de sua casa.

Apesar disso, trate cada hóspede com honra;
Ele pode estar lhe abrindo espaço
Para um novo contentamento.

O pensamento sombrio, a vergonha, a maldade
Receba-os à porta com um riso
E convide-os a entrar.

Seja grato a quem quer que venha,
Pois cada um lhe foi enviado
Como um guia do além.

Jallaludin Rumi

Capítulo 2

O ESPÍRITO SÁTTVICO: ESPÍRITO E MATÉRIA

O fim do dualismo

Busque o espírito, mas não a luxúria
nem o egoísmo espiritual;
Busque-o, ao contrário, porque você deseja se tornar abnegado
na vida prática do mundo material.
O espírito não existe jamais sem a matéria, a matéria não existe
jamais sem o espírito!
Façamos tudo o que for material à luz do espírito,
e busquemos a luz do espírito de tal modo que
ela desperte em nós o entusiasmo pelas nossas ações práticas.

Rudolf Steiner

Sattva é espiritual; quando, porém, pensamos no espiritual, ficamos presos à ilusão de que o espiritual é antimaterial, o que não é verdade. Matéria e espírito são dois lados da mesma moeda. Aquilo que medimos é matéria, aquilo que sentimos é espírito. Matéria representa quantidade, enquanto espírito representa qualidade. O espírito se manifesta por meio da matéria, ao passo que a matéria é animada pelo espírito.

O espírito traz sentido à matéria, a matéria dá forma ao espírito. Sem o espírito, a matéria não tem vida. Nós somos corpo e espírito humanos ao mesmo tempo. Uma árvore também tem corpo e espírito; até mesmo as rochas, que parecem mortas, contêm seu próprio espírito. Não há nenhuma dicotomia, nenhum dualismo, nenhuma separação entre matéria e espírito.

O problema não é a matéria, e sim o "materialismo". Da mesma maneira, o problema não é o espírito, e sim o "espiritualismo". No momento em que encerramos uma ideia ou um pensamento num "ismo", criamos os fundamentos do pensamento dualista. Os "ismos" já "eram"! O universo é uni-verso, uma canção, um verso, um poema. Ele contém infinitas formas que dançam juntas em harmonia, cantam juntas em concerto, equilibram-se na gravidade, transformam-se em evolução, e ainda assim o universo mantém sua totalidade e sua ordem implicada. Escuridão e luz, em cima e embaixo, esquerda e direita, palavra e significado, matéria e espírito complementam-se e fundem-se facilmente. Onde está a contradição? Onde está o conflito?

A vida nutre a vida, a matéria nutre a matéria, e o espírito nutre o espírito. A vida nutre a matéria, a matéria nutre a vida e o espírito nutre tanto a matéria como a vida. Existe total reciprocidade. Esta é a visão sáttvica e múltipla de mundo, praticada nas tradições da cultura da Índia pré-industrial, na qual matéria e espírito estão em reciprocidade e harmonia eternas.

As modernas culturas dualistas descrevem a natureza como sangrenta, com dentes e garras, onde os mais fortes e mais aptos sobrevivem, onde os fracos e os humildes desaparecem, e veem o conflito e a competição como o único verdadeiro esquema da vida. Dessa visão de mundo surge a noção de uma cisão entre a mente e a matéria. Uma vez que a mente e a matéria estão cindidas, segue-se uma discussão sobre se a mente é superior à matéria ou se a matéria é superior à mente.

Essa visão de mundo rajásica da cisão, do racha, do conflito, da competição, da separação e do dualismo também deu origem à ideia de separação entre o mundo humano e o mundo natural. Essa ideia reforçou a superioridade um tanto arrogante que a espécie humana atribuiu a si mesma e que autoriza as pessoas a controlar e manipular a natureza em proveito delas. Nesta visão do mundo, a natureza existe somente em benefício dos seres humanos. De acordo com esta visão "utilitarista", o mundo natural — as plantas, os animais, os rios, os oceanos, as montanhas e o céu — é despojado do seu próprio espírito inerente e do seu próprio valor intrínseco. Seu valor só é percebido em termos de sua utilidade para os seres humanos. Se o espírito existe de fato, ele está limitado ao espírito humano. Mas até isso é duvidoso. Dentro dessa visão de mundo rajásica, os seres humanos nada mais são do que formações de moléculas, genes e os quatro elementos. A mente é uma função do cérebro, e o cérebro é um órgão na cabeça, e nada mais.

Essa noção rajásica de uma existência desprovida de espírito pode ser descrita como materialismo. Tudo é matéria:

a terra, as florestas, os alimentos, a água, o trabalho, a literatura e a arte são mercadorias que podem ser compradas e vendidas no mercado — o mercado mundial, o mercado de ações e o assim chamado mercado "livre". Este é o mercado da vantagem competitiva, um mercado impiedoso, um mercado onde a sobrevivência dos mais aptos é o maior imperativo — onde os fortes competem com os fracos e conquistam para si a maior parcela do mercado. Ironicamente, os monopólios são estabelecidos em nome da livre competição. Cinco redes de supermercados controlam 80 por cento de todos os alimentos vendidos no Reino Unido. Quatro ou cinco empresas multinacionais gigantescas controlam 80 por cento do comércio internacional de alimentos. Pequenas propriedades agrícolas familiares do tipo sáttvico não conseguem competir com os grandes participantes rajásicos, e são forçadas a declarar derrota. Este é o mundo de onde o espírito foi expulso. Os negócios sem espírito, o comércio sem compaixão, a indústria sem ecologia, as finanças sem justiça e a economia sem equidade só podem ser descritos como rajásicos, levando a um comportamento tamásico e resultando no colapso da sociedade e na destruição do mundo natural. Somente quando o espírito e os negócios andam juntos, é que podemos chamar de sáttvicas as atividades empresariais.

Assim como o materialismo, derivado de tendências rajásicas e tamásicas, rege a economia, ele também rege a política.

Em vez de ver as nações, as regiões e as culturas do mundo como uma só comunidade humana, o materialismo divide o mundo em um campo de batalha onde as nações competem entre si por poder, influência e controle sobre as mentes, os mercados e os recursos naturais. O interesse de uma nação é considerado oposto ao interesse nacional de outra: o interesse nacional da Índia é oposto ao interesse nacional do Paquistão e vice-versa; o interesse nacional da Palestina é oposto ao interesse nacional de Israel; o interesse nacional dos EUA versus o interesse nacional do Iraque; o interesse nacional da Chechena versus o interesse nacional da Rússia e assim por diante. Nós polarizamos a política: "Se vocês não estão conosco, estão contra nós" se tornou a mentalidade dominante. E se vocês não estão conosco, não só estão contra nós, mas também fazem parte do eixo global do mal. Isso é política tamásica, despojada de espírito. O que podemos esperar desse tipo de política a não ser rivalidade, luta, corrida armamentista, proliferação nuclear, terrorismo e guerras? Os políticos falam de democracia e liberdade, mas seguem o caminho da hegemonia e do interesse próprio. Como pode uma visão particular da democracia e da liberdade servir ao mundo todo? Não pode haver democracia nem liberdade sem compaixão, reverência e respeito pela diversidade e pelo pluralismo. Compaixão, reverência e respeito são qualidades sáttvicas — mas a política fundada no materialismo considera os valores sáttvicos do espírito confusos, fragmentados, utópicos, idealistas, irrealistas e irracionais. Contudo, convém indagar aonde a política tamásica de poder, controle e interesse próprio nos tem levado. A duas guerras mundiais, à Guerra Fria, à guerra do Vietnã, à guerra na Caxemira, no Iraque e ao atentado às Torres Gêmeas de Nova York, só para citar alguns exemplos. A política tamásica tem demonstrado ser um retumbante fracasso; por isso está na hora de praticar uma política sáttvica que reúna novamente a política e a espiritualidade.

Às vezes, confundem-se as palavras "espiritualidade" e "religião", mas elas não significam a mesma coisa. A palavra religião vem da raiz latina *religo*, que quer dizer "religar". As pessoas se reúnem em um grupo, compartilham um sistema de crenças, mantêm-se unidas e apoiam-se mutuamente. Dessa maneira, a religião une, ao passo que o significado original de "espírito" está relacionado com a respiração, com o ar. Nós todos podemos ser espíritos livres e respirar livremente. A espiritualidade transcende as crenças. O espírito move, inspira, toca nosso coração e revigora nossa alma.

Quando um quarto fica fechado, com as portas e janelas trancadas e as cortinas fechadas por alguns dias, o ar se torna viciado. Quando entramos num quarto assim, nós o achamos abafado, de modo que abrimos as portas e as janelas para que entre ar fresco. Da mesma maneira, quando as mentes se fecham por um tempo muito longo, precisamos de um avatar ou mestre radical que abra as janelas para que nossos pensamentos abafados e viciados sejam novamente arejados. Um Buda, um Jesus, um Gandhi, um Rumi, uma Hildegard de Bingen parece que nos ajudam, com um sopro, a desfazer as teias de aranha da nossa mente fechada. É claro que não precisamos esperar por esses profetas; podemos ser nossos próprios profetas, abrir nosso próprio coração e mente, permitindo que o ar fresco da compaixão, da generosidade, da divindade, do sagrado passe como um sopro por nossa vida.

No entanto, os grupos e as tradições religiosas têm um papel importante a desempenhar. Eles nos iniciam numa disciplina de pensamento e de prática, eles nos fornecem uma estrutura e nos oferecem um sentido de comunidade, de solidariedade, de apoio. Uma tenra arvorezinha precisa de um vaso e de uma estaca para sustentá-la nos estágios iniciais do seu crescimento, ou ainda a cerca de um viveiro para protegê-la da geada e dos ventos frios. Mas, quando ela está forte o bastante, precisa ser plantada ao ar livre para que possa criar suas próprias raízes e se transformar numa árvore plenamente amadurecida. Da mesma maneira, as ordens religiosas atuam como viveiros para as almas que buscam. No fim, porém, cada um de nós precisa estabelecer suas próprias raízes e encontrar seu próprio modo sáttvico de vida.

A religião é composta de quatro dimensões, uma delas rajásica e as outras três, sáttvicas.

Existe a dimensão *institucional*, na qual aderimos a uma organização, a um conjunto de regras. Essas instituições podem ser um auxílio ou um empecilho, dependendo de como as usamos. As igrejas, templos, mesquitas e sinagogas, os livros e as escrituras — todos esses aspectos fazem parte das religiões institucionalizadas. Há um forte elemento de pompa e poder nessas instituições, e o seu funcionamento obedece a padrões rajásicos.

A segunda dimensão da religião é *estética*. Todas as religiões desenvolveram formas agradáveis de música, uma bonita arquitetura, uma poesia e uma pintura inspiradoras, belos rituais e cerimônias. Elas inflamam a nossa imaginação. Elas nos proporcionam alegria e um senso de beleza. Sem esta dimensão estética, as religiões ficam empobrecidas.

Em seguida vem a dimensão *ética*. Ame o seu próximo, ame o seu inimigo, seja um bom samaritano, pratique o serviço desinteressado e diminua o seu ego. Estes são ensinamentos éticos, que nos libertam da cobiça, da raiva e do orgulho, que nos libertam da ilusão, do desejo e do apego, e que nos trazem a capacidade de ver que todas as coisas vivas estão inter-relacionadas e são interdependentes. Esses ensinamentos sáttvicos, éticos nos trazem contentamento, realização, satisfação, felicidade e autocompreensão no nível pessoal, e uma visão compartilhada e valores comuns no nível social.

Segue-se então a quarta dimensão, que é *mística*. Todas as tradições religiosas têm um componente místico: o sufismo entre os muçulmanos, a cabala na tradição judaica, a Bhakti-Yoga (a prática do caminho da devoção) para os hindus, e os ensinamentos de São João da Cruz, São Francisco e de Hildegard de Bingen entre os cristãos. Todas essas tradições místicas experimentam a presença do divino em tudo que as cerca. Elas praticam uma devoção completa e incondicional ao divino. Nada mais existe além do divino.

Essa experiência sáttvica, mística está enraizada numa percepção do divino. Atualmente, o aspecto institucional da religião tornou-se dominante e os outros aspectos ou são depreciados ou vistos como secundários. A verdadeira força da religião não reside em grandes instituições rajásicas. Os aspectos estético, ético e místico formam a espinha dorsal de todas as religiões. As instituições existem somente para facilitar as experiências mística, ética e estética dos indivíduos e das comunidades.

As instituições religiosas precisam permanecer pequenas e flexíveis para que as qualidades sáttvicas da estética, da ética e do misticismo possam ser praticadas livremente por todos os membros de uma tradição religiosa.

Existem muitas religiões, filosofias e tradições. Respeitar todas elas significa aceitar que as diferentes tradições religiosas satisfazem as necessidades de diferentes pessoas, em épocas, lugares e contextos diferentes. Este espírito de generosidade, inclusão e reconhecimento é uma qualidade sáttvica. Sempre que as ordens religiosas perdem esta qualidade, elas se transformam apenas em seitas rajásicas que protegem seus interesses adquiridos.

As religiões institucionalizadas caíram na armadilha rajásica. Para elas, a manutenção das instituições tornou-se mais importante do que ajudar seus membros a crescer, a se desenvolver e a descobrir seu próprio espírito livre. Quando as ordens religiosas ficam obcecadas em manter suas propriedades e suas instituições, eles perdem a sua espiritualidade, tornando-se de fato atividades comerciais desespiritualizadas. Assim como é necessário restaurar o espírito nos negócios e na política, é preciso restaurá-lo também na religião. Esta proposição pode parecer estranha, pois a verdadeira *raison d'être* de toda religião é a busca do espírito. A realidade, porém, é outra. As religiões fazem muita coisa boa, mas também têm feito muita coisa ruim. Podemos perceber ao nosso redor toda a tensão existente entre as instituições religiosas. Essas tensões são as causas principais dos conflitos, das guerras e discórdias. A rivalidade entre as religiões cessaria se elas compreendessem que, apesar de suas teologias diferenciadas, elas são como rios que correm para o mesmo grande oceano da espiritualidade, proporcionando a qualidade sáttvica de revigoramento. Não há conflito entre rios. Por que, então, deve haver conflito entre as religiões? O respeito à diversidade de crenças é um imperativo espiritual.

Da mesma forma que os negócios, a política e as instituições religiosas precisam retornar às suas raízes espirituais a fim de encontrar um sentido do sáttvico, também os movimentos de defesa do meio ambiente e de justiça social precisam abarcar uma dimensão espiritual para estabelecer a ecologia sáttvica e a justiça sáttvica. Na atualidade, a maior parte dos movimentos de mudança social concentra-se numa campanha negativa. Eles apresentam cenários adversos e melancólicos e se tornam imagens especulares das instituições que eles criticam.

O verdadeiro impulso a favor da sustentabilidade ecológica e da justiça social se origina de uma visão ética, estética e espiritual. Mas quando os ativistas de campanha esquecem as razões reais de seu envolvimento social e ficam enredados no fascínio da mídia e na fama que acompanha este, ou quando eles perdem de vista o quadro mais amplo das propostas, relatórios, mobilização ou articulação política dos grupos de pressão, o verdadeiro propósito do seu trabalho acaba se diluindo. Essas preocupações se transformam em fins em si mesmos e anulam uma visão holística, abrangente e construtiva. O amor à natureza e o valor intrínseco a todas as formas de vida — humanas e não humanas — é o fundamento sáttvico no qual os movimentos de defesa do meio ambiente e de justiça social precisam estar enraizados. A base de toda campanha consiste em restaurar um sentimento de reverência pela vida, e essa base é espiritual. Não há contradição entre uma campanha pragmática e a busca de significado. O programa político de Gandhi estava fundamentado em valores espirituais, assim como o movimento pelos direitos civis liderado por Martin Luther

King. Os movimentos contemporâneos de defesa do meio ambiente e de justiça social também necessitam dessa visão de mundo sáttvica, em vez de serem atraídos pelo trabalho rajásico de construir grandes estruturas organizacionais.

Há uma crença comum de que ciência e espiritualidade são como óleo e água — elas não se misturam. Essa é uma noção rajásica. A ciência precisa da espiritualidade e a espiritualidade precisa da ciência. Quando a ciência ignora todas as restrições — morais, éticas e ecológicas — e se esforça para realizar tudo o que é possível de realizar, fazendo todos os tipos de experimentos sem levar em consideração as consequências, ela então leva às tecnologias tamásicas de produção de armas nucleares, à engenharia genética, à clonagem humana e animal e à fabricação de substâncias tóxicas que poluem o solo, a água e o ar. É perigoso dar à ciência carta branca para dominar a mente humana e subjugar o mundo natural. A ciência contemporânea adquiriu uma condição de superioridade tamanha, que ela impõe completa sujeição à indústria, ao comércio, à educação e à política. Alguns dos seus experimentos tornaram-se tão nus e crus que contradizem até o próprio termo "civilizaçao". Nós precisamos de valores éticos e ecológicos para assumir o controle do progresso acelerado da ciência e não deixar que ela mesma se destrua com o seu poder tamásico.

Assim como a ciência precisa da espiritualidade, a espiritualidade também precisa da ciência. Sem um determinado grau de habilidade racional, analítica e intelectual, a espiritualidade pode facilmente se transformar em cultos confusos e em atividades sectárias. Não existe nenhum dualismo entre a ciência e o espírito. A espiritualidade não é apenas para os santos, nem está confinada a ordens monásticas ou a cavernas nas montanhas. A espiritualidade está presente na vida cotidiana. Atividades comuns como cultivar alimentos, cozinhar, comer, lavar, varrer o chão, construir, costurar e amar o próximo são espirituais, desde que executadas com motivação e consciência sáttvicas. Nós precisamos trazer a espiritualidade para todos os segmentos da nossa vida: para a política, para os negócios, para a agricultura e para a educação. E devemos fazê-lo com um enfoque científico.

Nós, seres humanos, temos necessidades físicas e também necessidades espirituais. Comida, água, abrigo, calor, trabalho, educação e saúde são nossas necessidades físicas. Temos de nos envolver em atividades econômicas para satisfazer essas necessidades. Uma vez, porém, atendidas essas necessidades, precisamos encontrar uma sensação de contentamento e a sabedoria para saber quando já temos o bastante. Se continuarmos multiplicando nossas atividades econômicas mesmo depois que nossas necessidades físicas essenciais foram satisfeitas, nos tornaremos vítimas infelizes da ganância e do desejo. Muitas de nossas crises sociais, políticas e ambientais são crises do desejo.

Aqueles que lucram com o interminável crescimento econômico fazem um esforço enorme para nos convencer de que se possuirmos mais bens materiais, seremos felizes. Mas a felicidade não vem das coisas materiais. Elas podem nos proporcionar comodidade e conforto físico. Precisamos delas para satisfazer nossas necessidades materiais, mas também temos necessidades sociais, psicológicas e espirituais — a necessidade de comunidade, de amor, de amizade, de beleza, de arte e música. Precisamos das coisas não materiais para alimentar nossa imaginação e nossa criatividade. Precisamos da oportunidade de fazer coisas com as nossas próprias mãos. Precisamos de tempo para ficar em silêncio e em contemplação, precisamos de espaço para valorizar e desfrutá-las. Essas são necessidades espirituais. Elas não podem ser atendidas pelo acúmulo cada vez maior de bens materiais. É importante distinguir entre as necessidades físicas e as espirituais e compreender que as coisas que podem satisfazer as necessidades físicas são incapazes de satisfazer as necessidades espirituais, e vice-versa.

O materialismo extremado é tamásico e, obviamente, insustentável. Se os seis bilhões de cidadãos do mundo quisessem levar o estilo de vida materialista das sociedades ocidentais, precisaríamos de seis planetas! Mas não temos seis planetas, temos só um. Portanto, precisamos inventar um estilo de vida sáttvico de simplicidade elegante, onde os dons da Terra sejam divididos entre todos os seres humanos justamente sem prejudicar o mundo não humano.

Nós adotamos a simplicidade não só porque o estilo de vida consumista é incorreto, injusto e insustentável, mas também porque ele é a causa de descontentamento, insatisfação, discórdia, depressão, doença e divisão. Mesmo que não houvesse problemas de aquecimento global, escassez de recursos, poluição e lixo, ainda assim precisaríamos escolher um estilo de vida mais simples que contribua e seja compatível com a equidade, a estética, a felicidade e a espiritualidade. Um estilo de vida livre do fardo de posses desnecessárias é o estilo de vida sáttvico de alegria ilimitada.

Buda era um príncipe; ele possuía palácios, elefantes, cavalos, terras, ouro e prata. No entanto, ele logo compreendeu que toda a sua riqueza o estava estorvando e criando uma miragem de felicidade. Além do mais, ela o mantinha acorrentado à ganância, ao desejo, à ânsia, ao orgulho, ao ego, ao medo e à raiva. Então, ele adotou uma vida de pobreza digna. Esse tipo de pobreza significava uma aceitação voluntária dos limites. Isso não aconteceu por causa de uma explosão populacional naquela época, nem por uma escassez de matérias-primas ou de recursos naturais. Não existia aquecimento global naquela época. Mesmo assim, ele preferiu o modo sáttvico da simplicidade elegante, pois este era o modo certo de satisfazer tanto as necessidades da alma quanto as do corpo.

Minha terra, *minha* casa, *meus* bens, *meu* poder, *minha* riqueza — nisto se resumem as mentes estreitas. A espiritualidade nos livra da mente estreita e nos liberta do pequeno "eu", da identidade do ego. Por meio da espiritualidade somos capazes de abrir as grandes portas da mente e do coração onde a partilha, o cuidado e a compaixão surgem naturalmente. A vida só existe através do dom do "outro" — todas as coisas vivas são interdependentes. A existência é uma rede de relacionamentos intricadamente interligada onde nós todos compartimos o mesmo sopro de vida. Sejamos ricos ou pobres, negros ou brancos, jovens ou velhos, seres humanos ou animais, peixes ou aves, árvores ou rochas, todos somos sustentados pelo mesmo ar, pelo mesmo sol, pela mesma água, pelo mesmo solo. Não existem fronteiras, limites, separação, divisões, dualidade; tudo é a dança da vida eterna onde espírito e matéria dançam juntos. Dia e noite bailam juntos, e onde quer que haja a dança da vida, há alegria e beleza.

Entretanto, a religião do materialismo e a cultura do consumismo que têm sido promovidas pela civilização rajásica bloqueiam o fluxo da alegria e da beleza. Certa vez perguntaram a Mahatma Gandhi: "O que você acha da civilização ocidental?" E ele respondeu: "Eu acho que seria uma boa ideia!"

Sim, seria uma boa ideia, pois qualquer sociedade que vai à guerra para controlar o petróleo ou que produz armas nucleares para manter seu poder político, descartando todos os valores do espírito, não pode ser chamada de civilização. Como é possível que uma cultura consumista voraz, erigida sobre um sistema econômico incorreto, injusto e insustentável, seja chamada de civilizada? A verdadeira marca da civilização consiste em manter o equilíbrio entre o progresso material e a integridade espiritual. De qualquer maneira, como podemos nos considerar civilizados quando as nações, as culturas e as religiões não conseguem conviver em harmonia? Nós desenvolvemos tecnologias para alcançar a Lua, mas não a sabedoria para viver com nossos vizinhos. Uma civilização sem uma base espiritual não é nada.

O modo como tratamos os animais é um claro exemplo da falta de civilização. Vacas, porcos e galinhas são criados e vivem como prisioneiros em fazendas industrializadas; ratos, macacos e coelhos em laboratórios são tratados como se não sentissem dor. Nós acreditamos que todas as formas de vida podem ser consumidas para satisfazer o desejo humano. O racismo, o nacionalismo e a discriminação sexual e contra os idosos têm sido contestados e até certo ponto abrandados, mas o "humanismo" ainda nos governa. Como resultado, consideramos a espécie humana como superior a todas as outras. Esse humanismo é um tipo de "especificismo".

Para criar a civilização do sonho de Mahatma Gandhi, precisamos de uma revolução espiritual. Mas, por onde começar? Começamos com nós mesmos. A autotransformação é o primeiro passo para a transformação social, política e espiritual. Todas as transformações começam na base e vão subindo até incluir o mundo mais amplo. Essa é a lei do mundo natural. O carvalho pujante começa com o plantio de uma bolota no solo. Depois de plantada a semente, durante algumas semanas ou meses ninguém sabe se ela está viva ou morta, ou se ela algum dia brotará para o mundo. Essa transformação invisível sob a superfície da terra possibilita, porém, que a bolota brote do solo como um pequenino e tenro rebento. Ela é ainda pequena e insignificante, mas o carvalho pujante começa a partir dessa insignificância.

Portanto, a transformação social e política se desenvolve a partir das sementes da transformação pessoal. Quando estamos livres do medo e da ansiedade e estamos à vontade com nós mesmos, somos capazes de nos envolver com a comunidade que nos rodeia. Esse ato de envolvimento pessoal nos traz, por sua vez, uma sensação maior de realização, numa concatenação maravilhosa das dimensões pessoal, social e política.

Três virtudes sáttvicas

Agora eu gostaria de explorar três virtudes sáttvicas que podem nos ajudar a provocar uma revolução espiritual. A primeira delas é o cultivo da *confiança*. Se olharmos no íntimo de nós mesmos, veremos que o medo está na raiz do consumismo e do materialismo. A insegurança, a ambição, o desejo de poder e controle, a ânsia de provar a nós mesmos e impressionar os outros, o vício de fazer compras — todas essas emoções tamásicas estão relacionadas com o medo. A insegurança pessoal se expande, transformando-se em insegurança social e política.

Assim, o primeiro passo para a renovação espiritual consiste em examinar o fenômeno do medo em nossa vida. Medo gera medo. Não medimos esforços para construir defesas psicológicas e físicas, mas elas só aumentam o nosso medo. Ainda que algumas nações tenham armas nucleares para se protegerem, elas não estão livres do medo. A história tem demonstrado que as armas nucleares não trazem nenhuma segurança permanente. Se o ataque às torres gêmeas do World Trade Center em Nova York provou que uma faca ou uma lâmina de barbear podem igualmente ser uma arma de ataque, então de onde vem a justificativa de despender tanto esforço, tanto tempo e tantos recursos na construção de ogivas nucleares quando, na verdade, elas não trazem nenhuma segurança? O país mais poderoso do mundo, os EUA, é também o país mais inseguro do mundo. Paradoxalmente, quanto mais defesas construímos, mais inseguros estamos. Defender-se traz um efeito paralisante. Por conseguinte, o primeiro passo consiste em examinar a natureza tamásica do medo.

O antídoto do medo é a confiança. Confie em si mesmo: você é bom do jeito que é. Independentemente de quem você seja, você incorpora, tudo ao mesmo tempo, uma centelha divina, um impulso criativo e o poder da imaginação. Esses atributos vão estar sempre com você e protegê-lo. Confie nos outros — eles estão no mesmo barco que você.

Eles anseiam por amor tanto quanto você anseia. Somente se relacionando com outros você florescerá. Você existe porque os outros existem e os outros existem porque você existe. Nós todos existimos, florescemos e amadurecemos nesta mutualidade, nesta reciprocidade e nesta rede de relacionamentos. Dê amor e ele será retribuído. Dê medo e ele também será retribuído. Plante uma semente de cardo, e você terá centenas de espinhos. Plante uma semente de camélia, e você terá centenas de flores. Você colherá o que plantar — esta é a antiga sabedoria e, no entanto, ainda não a aprendemos.

Depois, confie no processo do universo. Temos o sol para nutrir toda esta vida; temos água para saciar nossa sede e terra para cultivar alimentos. Temos árvores para produzir frutos e leite materno para alimentar os bebês. O processo do universo está embutido no sistema de reciprocidade que sustenta a vida. Centenas de milhões de espécies recebem alimento, água, abrigo e cuidados deste misterioso processo — confie nele. Como disse santa Juliana de Norwich: "Tudo ficará bem; todo o tipo de coisa ficará bem." Não faça mal, e não lhe farão mal. Confiança é a primeira virtude sáttvica.

A segunda virtude sáttvica é a *participação*. Participe do processo mágico da vida. A vida é um milagre; não podemos explicá-la, nem conhecê-la por inteiro, mas podemos ativa e conscientemente participar desse milagre sem tentar controlar, manipular ou subjugar a vida.

Participação é algo simples. Recebemos duas mãos maravilhosas para cultivar o solo e produzir alimentos. Trabalhar com terra no jardim atende tanto à necessidade do corpo quanto à necessidade do espírito. A agricultura industrial roubou nosso direito inato de participar do cultivo dos alimentos. A agricultura de larga escala, mecanizada e industrializada nasceu do nosso desejo de dominar a terra. A agricultura de pequena escala, natural e local — ainda melhor, a jardinagem — é uma maneira de participar dos ritmos das estações. Idealmente, a terra deve ser cultivada na forma de jardim, não de fazenda. Os animais devem ser libertados das prisões dos matadouros. Cultivar alimentos é um exemplo do princípio sáttvico de participação. Cozinhar a comida e reparti-la com a família, os amigos e os convidados é uma atividade espiritual, tanto quanto social e econômica. O *fast food* nos afasta da atividade fundamental de participar do ritual diário de manipular e preparar os alimentos. O movimento italiano denominado *Slow food* é uma grande tentativa de se opor a esta tendência. *Slow food* é comida sáttvica. *Fast food* é comida tamásica.

A calma é uma qualidade espiritual. Se quisermos participar adequadamente do processo de vida e restaurar nossa espiritualidade, temos de reduzir a velocidade. Paradoxalmente, somente quando se anda devagar é que se vai longe. Fazer menos, consumir menos, produzir menos nos permitirá *ser* "mais" — celebrar mais, apreciar mais. Tempo é o que torna as coisas perfeitas. Dê tempo a si mesmo para fazer coisas e dê tempo a si mesmo para descansar. Dedique tempo para "fazer", bem como para "ser". É participando desta dança de fazer e ser que a espiritualidade deve ser encontrada.

Certa vez o imperador da Pérsia perguntou a seu mestre sufi: "Por favor, me dê um conselho: o que devo fazer para renovar minha alma, reavivar meu espírito e revigorar minha mente de modo que eu seja feliz comigo mesmo e eficaz no meu trabalho?"

O mestre sufi respondeu: "Majestade, durma o máximo de tempo que puder!"

O imperador ficou surpreso: "Dormir? Eu tenho pouco tempo para dormir", disse ele, irritado. "Eu tenho que administrar a justiça, decretar leis, receber embaixadores e comandar o exército. Como posso dormir se tenho tanta coisa para fazer?"

O mestre sufi replicou: "Quanto mais tempo Vossa Majestade dormir, menos tempo terá para oprimir!"

O imperador estava atônito; ele entendeu o ponto de vista do sábio. Ele reconheceu que o sábio, apesar de rude, estava certo.

As sociedades modernas são como o imperador da Pérsia. Quanto mais trabalhamos, mais consumimos — dirigimos carros, viajamos de avião, desperdiçamos eletricidade, fazemos compras e produzimos lixo. Quanto mais rápido fazemos essas coisas, mais prejuízo causamos ao meio ambiente, aos pobres e à nossa própria paz de espírito. A pressa leva ao controle; a calma, à participação. A verdadeira participação consiste em viver e trabalhar em harmonia com nós mesmos, com os outros e com o mundo natural. Participação não tem a ver com pressa e eficiência, tem a ver com harmonia, equilíbrio e oportunidade de ação.

A terceira virtude sáttvica é a *gratidão*. Na vida moderna, nós nos queixamos de tudo. Quando está chovendo, dizemos: "O tempo está terrível — tão úmido e frio!" Quando faz sol, reclamamos: "O tempo está quente, muito quente!" Os meios de comunicação estão cheios de cinismo, reclamações e críticas. A maior parte dos debates nos parlamentos são negativos. A oposição responsabiliza o governo e o governo se queixa da oposição. Esse passatempo nacional de acusar está disseminado até mesmo no seio da nossa família e do nosso ambiente de trabalho. Por causa da cultura tamásica da condenação, aprendemos a nos condenar também. "Não sou bom o bastante" é um sentimento generalizado. "Eu devia estar fazendo algo diferente, algo mais, algo melhor." "Tive uma infância horrível", queixamo-nos. "Minha escola era péssima", lamentamos. "Meus colegas nunca gostaram de mim", resmungamos, e esse tipo de resmungo prossegue interminavelmente.

Para crescermos espiritualmente, precisamos desenvolver a capacidade sáttvica de estima e gratidão. Precisamos nos educar para reconhecer os dons que recebemos de nossos antepassados, de nossos pais, de nossos professores, de nossos colegas e de nossa sociedade em geral. Precisamos também exprimir nosso agradecimento pelas dádivas da Terra. Que maravilhoso sistema é este planeta Gaia! Ele regula o clima, organiza as estações e fornece abundância de alimentos, beleza, prazer sensual e satisfação espiritual para todas as criaturas. Quando estamos deslumbrados e maravilhados com as atividades da Terra, só podemos nos sentir abençoados e gratos. Quando a comida é servida, enchemo-nos de um sentimento de gratidão. Agradecemos ao cozinheiro e ao agricultor, mas devemos também agradecer à terra, à chuva e ao sol. Devemos até expressar nossa gratidão às minhocas que estão trabalhando dia e noite para manter o solo fértil. Por mais verdes que sejam os dedos de um jardineiro, não haveria alimento sem os vermes. Assim, devemos dizer em louvor: "Vivam os vermes!" Nós nos juntamos ao poeta Gerard Manley Hopkins para dizer: "Viva o úmido e o ermo também." É a beleza da natureza inculta que nos alimenta a alma enquanto os frutos da Terra alimentam o corpo.

A generosidade e o amor incondicional da Terra por todas as suas criaturas são ilimitados. Nós plantamos uma pequena semente de maçã no solo. Esta pequenina semente resulta numa árvore daí a alguns anos e acaba produzindo milhares e milhares de maçãs ano após ano. E tudo isso de uma sementinha, às vezes semeada por si mesma. A árvore não faz discriminação, não faz nenhuma pergunta. Ela oferece seus frutos ao pobre e ao rico, ao santo e ao pecador, ao tolo e ao filósofo, à vespa e ao pássaro. O que mais podemos sentir pela árvore a não ser gratidão? E de nossa gratidão brota a humildade. A arrogância vem da reclamação e da crítica. Quando somos críticos da natureza, chegamos à conclusão de que ela precisa de tecnologia e de engenharia, e nos aventuramos a aperfeiçoá-la — mas acabamos por destruí-la.

Na visão de mundo sáttvica, não existe dualidade nem separação entre matéria e espírito. O espírito está contido na matéria, e a matéria está contida no espírito. Porém, por causa da predominância do modo de vida rajásico, nós os separamos e fizemos do espírito um assunto privado, e permitimos que a matéria domine nossa vida pública. Precisamos resolver este dilema com urgência. Se não o resolvermos, o mundo material continuará a sofrer consequências catastróficas, e o espírito também sofrerá, pois ele será visto como idealista, esotérico e sobrenatural — irrelevante para a nossa existência cotidiana.

Quando formos capazes de resolver esse dilema, seremos capazes de infundir o espírito nos negócios e criar uma economia sáttvica. Seremos capazes de criar uma política sáttvica que funcione para todos. Nossas religiões se tornarão uma fonte de cura. O movimento pela sustentabilidade ecológica e pela justiça social inspirará milhões a levar uma vida sáttvica. Então, os seres humanos ficarão à vontade consigo mesmos e com o mundo ao seu redor. Esse casamento da matéria com o espírito, dos negócios com o espírito, da política com o espírito, da religião com o espírito e do ativismo com o espírito é a maior união necessária em nossa época para estabelecer uma cultura sáttvica.

Os seres humanos são feitos de corpo e espírito. Uma vez satisfeitas as suas necessidades corporais, eles anseiam por realização interior por meio da paz, do amor e da criatividade. As pessoas estão famintas de alimento do espírito. Portanto, o grande trabalho que temos em nossas mãos é o de criar espaço e tempo para que as pessoas descubram a unidade de corpo e espírito.

Do mesmo modo, uma árvore não é apenas madeira. Precisamos ver simultaneamente a dimensão física e espiritual das árvores. A árvore que fala, a árvore do conhecimento e a árvore da vida expressam a qualidade espiritual implícita da árvore. Precisamos passar da qualidade rajásica da dualidade e separação para a qualidade sáttvica da totalidade, da integridade e da inter-relação.

O mistério da vida

Os ideais que têm iluminado o meu caminho e, ao longo do tempo, me dado coragem renovada para enfrentar a vida com alegria, são a Bondade, a Beleza e a Verdade.

Os objetos banais dos esforços humanos — posses, sucesso exterior, luxo — sempre me pareceram desprezíveis.

A mais bela experiência que podemos ter é a do mistério. Ela é a emoção fundamental que está na origem da verdadeira arte e da verdadeira ciência. Foi a experiência do mistério — ainda que misturada ao medo — que engendrou a religião. Um conhecimento da existência de algo que não conseguimos desvendar, nossas percepções da razão mais profunda e da mais radiante beleza, que apenas em suas mais primitivas formas são acessíveis à nossa mente — é este conhecimento e é esta emoção que constituem a verdadeira religiosidade; neste sentido, e só nele, sou um homem profundamente religioso. Não consigo conceber um Deus que recompensa e pune suas criaturas, ou que tem uma vontade do tipo que experimentamos em nós mesmos. Não posso nem gostaria de conceber um indivíduo que sobrevive à morte física; deixemos que as mentes fracas, por medo ou egoísmo absurdo, acalentem tais pensamentos. Estou satisfeito com o mistério da eternidade da vida e com a consciência e o vislumbre da maravilhosa estrutura do mundo existente, juntamente com o devotado esforço de entender uma parcela, ainda que sempre tão ínfima, da Razão que se manifesta na natureza.

Albert Einstein

Interexistência

Uma nuvem flutua sobre esta folha de papel que você está segurando na mão. Sem nuvem, não haverá chuva; sem chuva, as árvores não crescem; e sem árvores, não podemos produzir papel. A nuvem é essencial para que o papel exista. Se a nuvem não estivesse aqui, a folha de papel também não poderia estar aqui; logo, a nuvem e o papel interexistem.

Se examinarmos esta folha de papel ainda mais profundamente, poderemos ver o sol nela. Se o sol não estivesse aí, a floresta não poderia se desenvolver. De fato, não poderia se desenvolver. Nem nós podemos nos desenvolver sem o sol. E, assim, sabemos que o sol está também na folha de papel; o papel e o sol interexistem.

E se continuamos a observar, podemos ver o madeireiro que cortou a árvore e a transportou até a fábrica para que ela fosse transformada em papel. E vemos o trigo. Sabemos que o madeireiro não pode existir sem o pão de todos os dias, e portanto o trigo que se transformou no pão do madeireiro também está na folha de papel. E também nela estão o pai e a mãe do madeireiro.

Observando ainda mais atentamente, podemos ver que também nós estamos nela, pois quando olhamos para a folha de papel, a folha de papel é parte da nossa percepção.

Então, tudo está nesta folha de papel. Não se pode apontar uma única coisa que não esteja aqui — o tempo, o espaço, a Terra, a chuva, os minerais do solo, o Sol, a nuvem, o rio, o calor. Tudo coexiste com esta folha de papel.

"Ser" é "interexistir". Ninguém pode existir por si mesmo, sozinho. Cada coisa tem de coexistir com todas as outras coisas. Esta folha de papel existe porque tudo o mais existe. Por mais delgada que seja esta folha de papel, ela contém dentro de si tudo o que há no universo.

Thich Nhat Hanh

Capítulo 3

O MODO DE VIDA SÁTTVICO

Pão, abelhas e árvores

A qualidade sáttvica é o único instrumento real de que dispomos para atravessar estes tempos difíceis. Sem valores, não podemos caminhar na direção certa. Até mesmo cuidar do jardim ou cultivar a terra, cuidar de nossa família ou de nossa comunidade, todo esse trabalho precisa ser feito — não como uma obrigação ou tarefa, não simplesmente para ganhar a vida ou viver de acordo com as nossas rendas, não apenas para pagar as contas ou a hipoteca, mas com alegria. Quando estamos cuidando do jardim ou desempenhando qualquer outra atividade com alegria, isso se torna uma prática sáttvica; assim também quando estamos cuidando do solo ou de nossa alma, se o fazemos com motivação sáttvica. Cuidar do solo e cuidar da alma não são duas coisas distintas; são dois aspectos da mesma realidade espiritual.

Quando eu era um monge, aos dezoito anos deparei-me com a autobiografia de Mahatma Gandhi. Nela, ele dizia que há algumas pessoas que abandonam o mundo para se tornar monges. Elas vivem em mosteiros ou em cavernas no Himalaia e veem o mundo como uma armadilha ou como uma escravidão. Para elas, a política é suja, os negócios são sujos, a indústria é suja; elas acham que não devem sujar as mãos no mundo e ficar presas à separação e ao dualismo rajásico. Por isso elas vivem numa ordem monástica e praticam a espiritualidade. Por outro lado, as pessoas que vivem no mundo pensam que a espiritualidade só existe para os santos. Elas têm a impressão de que não podem praticar a espiritualidade no mundo; elas precisam pagar contas ou uma hipoteca; como poderão praticar a espiritualidade? Gandhi queria livrar a religião da elite religiosa. Ele acreditava que a prática da espiritualidade não é monopólio de monges e mulás, sadhus e santos; a espiritualidade é um direito inato de todo mundo.

Gandhi dizia que esta divisão entre espiritualidade e vida mundana deveria acabar. Devemos trazer a espiritualidade para a vida cotidiana. Ela não é a reserva de alguém que presta culto numa igreja, mesquita ou templo. Temos de praticar a espiritualidade na política, na indústria, nos negócios, na agricultura, na jardinagem, na educação dos filhos e na criação de uma família. Quando integramos a espiritualidade na vida cotidiana, ela se transforma em vida sáttvica. Quando li aquele livro quando era monge, fiquei abalado; eu achei que Mahatma Gandhi estava certo, que aquilo fazia sentido. Achei que o que eu estava fazendo era completamente o oposto. Eu estava colocando a espiritualidade e a realidade cotidiana em duas caixas separadas. Não consegui dormir naquela noite; fiquei agitado, virando de um lado para o outro na cama, achando que, embora exteriormente, como um monge, eu pudesse dar a impressão de ser uma pessoa sáttvica, ao fazer a separação entre o mundo e o espírito eu estava num caminho rajásico. Aquele revelou ser um momento decisivo; naquela noite, depois que todos estavam dormindo, eu fugi do mosteiro e entrei para um *ashram* de Gandhi. Ali eu aprendi a integrar a espiritualidade na vida cotidiana.

A fabricação de pães era considerada uma atividade sáttvica e espiritual.

Fazer pães é um exemplo simples de espiritualidade na vida cotidiana. As pessoas dizem: "Não tenho tempo para fazer pão." Gandhi responderia: "Se você não tem tempo para assar pães, então você não tem tempo para viver!" Quando Jesus Cristo distribuiu pão para seus discípulos na Última Ceia, ele disse: "Este pão é o meu corpo, eu sou o pão." Agora, quando vamos à igreja, nos dão uma hóstia — uma hóstia industrializada e produzida em massa! Uma hóstia para celebrar a missa! Será uma hóstia o corpo de Cristo?

A importância do pão é percebida não só pelos cristãos, mas também por outras religiões. O monge budista Thich Nhat Hanh diz o seguinte: "O pão na sua mão é o corpo do cosmos." Quando você mistura a massa de farinha, você sente uma ligação espiritual com a terra. Quando você está esperando a massa crescer, você pode estar em meditação. Fazer pão caseiro de uma maneira meditativa é uma atividade sáttvica. Esse pão é um símbolo do lar, da família, do amor. A espiritualidade nada mais é senão esta qualidade amorosa da alma.

Hoje em dia, o pão se tornou um grande negócio, mas não temos mais certeza se ele nos faz algum bem. Foram os dias em que o cheiro fresco de pão integral enchia a cozinha, em que cada fatia de pão era diferente e em que fazer pão era uma experiência estética.

Foram-se também os dias em que podíamos ir a pé até a padaria local e desfrutar o prazer sensual de ver e sentir o cheiro do pão recém-assado arrumado nas prateleiras de madeira, conversar com o padeiro e outras pessoas da vizinhança. Esses eram os dias em que a padaria constituía o centro da comunidade. Agora, apenas uma ínfima proporção do pão no Reino Unido é feita em casa ou em pequenas padarias da vizinhança, e que poderia ser chamada de pão sáttvico.

A diversidade de pães era um símbolo da diversidade cultural. As variedades regionais representavam a diversidade de grãos e de estilo. Deveríamos ficar envergonhados com o fato de que a qualidade do pão deteriorou drasticamente, ao longo dos anos. Nosso pão é estéril. Ele é tão desprovido de vida que os fabricantes têm de introduzir artificialmente vitaminas e minerais no pão que vendem; até mesmo corante é adicionado ao pão para fazer com que ele pareça marrom e integral. No entanto, com propaganda maciça, as pessoas têm sido enganosamente levadas a consumir algo que é uma desgraça nacional.

Se prestarmos atenção à boa qualidade dos pães, podemos combater empresas que produzem trigo geneticamente modificado, multinacionais que patenteiam sementes, e podemos apoiar métodos locais, orgânicos e em pequena escala de produção de trigo, em oposição à monocultura das pradarias norte-americanas e canadenses. De que maneira podemos lançar essa revolução do pão? Será que poderíamos ter uma Campanha pelo Pão Verdadeiro, tal como a Campanha pela Cerveja Verdadeira? Precisamos organizar um boicote ao pão industrializado. Que tal estes adesivos para automóveis: "Pela Volta da Padaria Local" ou "Coma Pão Verdadeiro" ou "Faça o Seu Próprio Pão"?

Nossas escolas seriam bons lugares para começar. Uma boa educação não pode ser fornecida com pão ruim. Que todas as escolas ensinem às crianças a arte e a ciência de fazer pão. Que a merenda escolar tenha como base um pão de boa qualidade. Fazer pão não é um desperdício de tempo; é o fundamento da boa educação. Que o aprendizado seja conduzido pelo pão.

Precisamos começar com um bom pão sáttvico se quisermos restaurar a saúde das pessoas e do planeta. Se tivermos consciência da qualidade do pão, teremos consciência da qualidade da comida. Se tivermos consciência da qualidade da comida, teremos consciência da qualidade de vida.

A qualidade do pão é importante demais para ser entregue aos fabricantes de pão — o objetivo primordial deles é ter lucro, em vez de fornecer pão saudável. Fazer nosso próprio pão ou comprá-lo numa pequena padaria local são as únicas duas alternativas que podem nos libertar da opressão monopolista das grandes panificadoras. O primeiro passo para a autonomia do indivíduo e da comunidade local consiste em reaver nosso direito básico de acesso a um pão de boa qualidade. Uma fatia de pão saudável é um direito inato de todos.

No *ashram* de Gandhi, eu aprendi que cultivar a terra não é apenas um modo de produzir alimento. Sim, isso acontece, mas é também um modo de cultivar a alma. Cuidar de um jardim é trabalho árduo; cuidar de uma fazenda é trabalho árduo; construir uma casa com as próprias mãos é trabalho árduo. Em nossa sociedade moderna passamos a acreditar que trabalho árduo não faz bem. Tudo deve ser fácil; o trabalho deve ser feito por máquinas. Mas, quando você se torna viciado na máquina, você se torna viciado na produção e no consumo em massa. Todos os vícios são tamásicos. A economia do vício leva à guerra, às mudanças climáticas, à exaustão dos recursos da terra e ao colapso da sociedade. O que eu aprendi com Gandhi foi que trabalhando com as minhas mãos eu não só produzia legumes ou pão para comer, ou as roupas que eu fiava e tecia, ou os sapatos que fazia, mas executava todas essas atividades como uma expressão criativa da minha imaginação. Em outras palavras, viver uma vida simples e sáttvica é uma prática espiritual; o próprio trabalho é oração, um serviço à terra, um serviço ao solo, e quando estou servindo à terra e ao solo, estou servindo ao universo. Quando consigo perceber que a totalidade da vida sobre a Terra é sagrada, me encho de reverência e admiração, com humildade ecológica.

No nosso moderno modo de pensar, acreditamos que os seres humanos são, de algum modo, responsáveis por este planeta, que toda a Terra foi criada para o uso humano, que as árvores e as florestas existem para o benefício dos homens. No pensamento humilde, sáttvico, porém, estamos unidos à Terra e por isso agradecemos a ela por todas as dádivas que ela nos dá. Todas as espécies, sejam elas quais forem, fazem parte da mesma teia da vida. Temos uma relação com todas as espécies, com a própria Terra. Quando utilizamos os dons da Terra com frugalidade e moderação, nosso relacionamento com ela é harmonioso. A produção e o consumo em massa são uma forma de arrogância tamásica. Fazer coisas com as mãos, retirar pouco da Terra, expressar nosso sentimento interior de beleza, criatividade e estética naquilo que fazemos, evitar o desperdício e a poluição e celebrar a abundância da Terra, todas essas são formas sáttvicas de viver.

Árvores espirituais

Além de fazer pão com as minhas próprias mãos, aprendi que plantar árvores, cuidar delas e celebrá-las são ações sáttvicas, das mais simples. “Meditar sobre as árvores” era o lema do meu mentor no *ashram*. Uma semente — com menos de 6mm de comprimento — é um milagre. Tome uma semente de maçã como exemplo. Quando você está comendo uma maçã, encontra nela uma semente que é amarga e por isso você a cospe fora. A semente penetra no solo e se transforma numa planta; essa semente se sacrifica — renuncia à própria identidade, ao próprio ego. Uma vez plantada, ela desaparece completamente, sofre uma biodegradação. Não reconhecemos nada mais dela. Ela se torna parte do solo, mas do seu sacrifício nasce uma árvore e, em alguns anos, ela produz maçãs. Você pode não acreditar em reencarnação, mas observe só a maçã que você cultivou. Aquela semente que penetrou no solo e morreu muitos anos atrás reencarnou agora nessa maçã. A semente renasceu; isso é reencarnação e não só uma, mas duas, três ou quatro sementes renasceram. A partir de uma semente, centenas, milhares de maçãs nascem. Que abundância de vida nós temos! Aquela única semente de maçã caiu no solo e morreu por nós. Ela também morreu em benefício dos animais, pássaros e vermes; de fato, em benefício de toda a Terra. Não admira que as pessoas na Índia venerem as árvores. As árvores são os mestres da vida sáttvica.

Observe o amor e a generosidade incondicionais dessa árvore. Qualquer um pode ir até a árvore e colher maçãs, inteiramente grátis. A macieira nunca lhe dirá que você não pode ter uma maçã se não tiver dinheiro ou um cartão de crédito. A maçã é incondicionalmente generosa e amorosa.

Você pode aprender espiritualidade com a macieira; ela nunca faz distinções — você pode ser um santo ou um pecador, culto ou inculto, homem ou mulher, negro ou branco, cristão ou muçulmano, humano ou animal, pássaro ou vespa — seja você quem for, poderá conseguir uma maçã. Não existe "almoço grátis" na economia de mercado; ela lida com mercadorias, tudo é comprado e vendido: comida, terra, até mesmo a água. Mas na natureza, todas as criaturas deste planeta têm almoço grátis — todos os dias! Elas não compram ou vendem, não precisam de supermercados para conseguir comida. Todas as criaturas recebem comida e água sem nenhuma troca monetária. Aí está algo que podemos aprender com o sistema auto-organizante da natureza.

As árvores ajudam a proteger, salvar e servir todas as coisas vivas, de pássaros a insetos, de seres humanos a animais, até todos os organismos do solo; tudo recebe vida de uma árvore. Por isso, em troca, é dever sáttvico e responsabilidade sagrada de todos servir à árvore — seres humanos, animais, pássaros e vermes, todos têm uma dívida para com ela. Esta relação é mútua, é uma relação de reciprocidade e de interdependência; nós dependemos das árvores e as árvores dependem de nós. Desse modo, assim como os pais cuidam de um filho, nós tomamos conta de nossa árvore como se ela fosse um bom amigo ou parente nosso. Na nossa cultura moderna, os seres humanos tornaram-se utilitários demais, e o utilitarismo é uma qualidade rajásica. Nós pensamos basicamente em termos das coisas que são úteis para nós. Assim, cuidamos das árvores porque elas nos dão frutos, madeira, oxigênio e muitas outras coisas boas. No entanto, mesmo quando realmente cuidamos das árvores, nós o fazemos como parte da reciprocidade de interesse entre os seres humanos e as árvores. Isto é bom, mas podemos dar um passo além e dizer que cuidamos das árvores, não só porque elas nos são úteis, mas por causa do seu intrínseco valor espiritual; elas têm direito de ser o que são. Nossa ideia de utilidade é também muito estreita e imediatista. Devido a essa visão imediatista, temos permitido a destruição das florestas em grande escala. Nós nos preocupamos com os direitos humanos, mas também precisamos estar preocupados com o direito das árvores. Precisamos fazer essa mudança fundamental; precisamos passar da utilitária para uma visão de mundo espiritual; passar da rajásica para uma qualidade sáttvica.

Podemos cuidar de nossas árvores porque elas nos são úteis, mas também precisamos respeitá-las, prestar homenagem a elas e amá-las como amamos ao próximo, pois as árvores também são nossos próximos. Não devemos fazer julgamentos sobre elas, dizendo que "esta árvore está atrapalhando meu caminho ou ela não é útil", ou que "posso passar bem sem esta árvore". As árvores têm direito de não ser poluídas, perturbadas, contaminadas, cortadas. As árvores cuidam de nós, como uma mãe amamenta um bebê, como um pai trabalha duro para cuidar de seus filhos, ou como amigos e vizinhos trabalham para cuidar uns dos outros. Talvez tenhamos de tirar alguma coisa da árvore — um fruto ou talvez madeira —, mas a tiramos como uma dádiva para nós, não como um direito. Se cortamos uma árvore para construir uma casa, a madeira da árvore é uma dádiva para nós e a extraímos com profunda gratidão.

Imagine simplesmente que a semente que plantamos tem tudo dentro de si: um pujante carvalho está contido numa pequena bolota. Por mais complexos que sejam os microchips que produzimos para nossos computadores, eles não conseguem competir com a complexidade de uma bolota. Numa pequena bolota, estão guardadas mais informações, mais história e mais memória do que num microchip! E então nós plantamos a bolota. Ela precisa ser plantada na terra. Não se pode simplesmente colocá-la na estante e dizer: "Que maravilhoso carvalho você é!" Não, é preciso deixar que ela germine na terra úmida e escura. E a partir dessa única bolota cresce uma árvore que vai durar centenas de anos, produzindo milhares de novas bolotas, ano após ano. Essa é a economia, espiritualidade e sustentabilidade da natureza. Nós, seres humanos, condicionados pela cultura rajásica, o que fazemos hoje usamos amanhã e o descartamos no dia seguinte, entulhando nossos aterros sanitários. E chamamos isso de "engenhosidade humana!" Não sabemos nada de sustentabilidade em comparação com o pujante carvalho e suas bolotas.

Podemos falar de justiça humana. Mas, e quanto à justiça da Terra? Pouquíssimos de nós estão preparados para afirmar em defesa das árvores: "Vou lutar pelos direitos desta árvore." Não obstante, com uma atitude egoísta, estreita, nós derrubamos nossas florestas, e não há ninguém para falar em favor das árvores. Os advogados defenderão qualquer um que requeira, mas as árvores não sabem pedir por defesa. Evidentemente, precisamos de uma nova jurisprudência que sirva de base para as nossas constituições. As Nações Unidas precisam de um novo instrumento legal que possibilite que os advogados defendam as florestas, porque elas também têm direito de viver sem serem prejudicadas. Quando os direitos humanos recebem uma posição mais elevada que os direitos das árvores e os direitos da natureza, eles se tornam direitos rajásicos. A qualidade sáttvica exige o reconhecimento de que todos os seres vivos têm direito inato à existência.

Aparentemente, nós pensamos, com nossa mentalidade rajásica, que a natureza não passa de um mero recurso que nós usamos como quisermos. Mas a natureza não é apenas um recurso; ela tem sua própria razão de existir. A ideia de que os seres humanos estão no comando da Terra, de que somos a espécie mestra, não é uma perspectiva sáttvica. Todas as espécies têm seu devido lugar no plano das coisas. Todas as espécies têm o direito de viver de seu próprio modo. Não somos os mestres, não estamos no comando, nem sequer somos gerentes ou administradores ("administrador" implica certo grau de superioridade); nós somos apenas amigos da Terra. E "amigo" é uma palavra muito bela, pois, como amigos, não temos expectativas com relação uns aos outros. Amizade incondicional significa respeitar a outra pessoa, amá-la e aceitá-la tal qual ela é; portanto, se somos amigos da Terra e amigos das árvores, nós as respeitamos como nossas amigas. A amizade é uma suprema qualidade sáttvica.

Um sistema jurídico ecológico seria uma maneira prática de progredir, mas é a nossa atitude para com a natureza que necessita de uma transformação real. Nossa atitude parece ser a de que a espécie humana pode ser sustentada à custa de todas as outras espécies, e que recursos como terra, água, ar, árvores, rios, montanhas — tudo existe para nós fazermos o que quisermos desde que isso beneficie a raça humana. Essa atitude rajásica precisa mudar. Se não mudarmos fundamentalmente nossa visão de mundo, simplesmente plantar algumas árvores aqui e ali não vai ser suficiente. Embora o plantio de árvores sempre aparente ser uma boa prática sáttvica, ele precisa ser mais do que uma atividade comercial para ser considerado verdadeiramente sáttvico. Somente quando a mente está envolvida em motivação sáttvica é que uma ação física se transforma verdadeiramente em ação sáttvica; o interior e o exterior precisam estar coesos para que o sáttvico aflore.

Buda alcançou a iluminação, sentado debaixo de uma árvore. Foi entao que ele compreendeu que todas as formas de vida estão interligadas. Ele viu as nuvens se acumularem, trazendo água para a árvore. Ele viu os pássaros pousarem na árvore, as folhas caírem da árvore e os vermes as comerem e retribuírem o bem ao solo. Os nutrientes no solo e a água das nuvens estavam ajudando a alimentar a árvore. Sentado sob ela, Buda testemunhou todo o ciclo da vida e percebeu que tudo está ligado, que tudo é interdependente. Nenhuma coisa específica, nenhuma alma ou entidade isolada têm uma existência separada; todos estamos ligados. Essa compreensão o iluminou e o encantou.

Não há nenhuma grande magia na ideia de iluminação espiritual: ela é a compreensão íntima de que eu não estou separado de você, uma árvore não está separada de mim, os negros não estão separados dos brancos, nem os muçulmanos, dos cristãos. A ideia de separação é ignorância. E a ideia de inter-relação e unidade é iluminação. No momento em que você percebe a inter-relação, a unidade da vida, você se ilumina.

A árvore tem um significado espiritual em toda religião e tradição cultural. A árvore da vida e a árvore do conhecimento são metáforas universais. Nós temos de ouvir a árvore falar. As árvores são fundamentais para a nossa vida, mas muitos ainda acham que elas são inferiores e que os seres humanos são superiores.

Nós precisamos abandonar o pensamento arrogante de que os seres humanos constituem uma espécie superior. Precisamos reconhecer que todas as coisas vivas dependem umas das outras. Este é o verdadeiro significado da palavra "sagrado": ela significa que a vida existe por meio do sacrifício. Quando um pai ou uma mãe ajudam um filho, eles o fazem com amor, sem pensar em si mesmos. Este é o verdadeiro sacrifício. A mesma coisa acontece quando a árvore sacrifica seus frutos para nos alimentar, suas folhas para alimentar a terra e os vermes, e tornar o solo fértil. Sacrifício não implica sofrimento. Sacrifício é uma expressão de amor, de mutualidade e de generosidade. Receber esse dom com gratidão é sagrado. A vida dá a vida para manter a vida. Nós, seres humanos, não precisamos ser os parasitas da Terra. Em vez disso, somos parte da teia da vida. Esse sentimento do sagrado é a origem da humildade ecológica.

Minha mãe amava as abelhas. Sua humildade ecológica era evidente quando ela dizia: "As abelhas são os maiores mestres, maiores até que Buda." E isso significa alguma coisa, pois Buda devia ser o maior mestre na Índia.

Segundo minha mãe, se você quiser aprender as lições de transformação, você pode aprender com a abelha comum. O que ela faz? Vai de flor em flor coletando um pouco de néctar aqui e outro pouco acolá, nunca demais. E o que nós, seres humanos, fazemos? Nós desenterramos minérios ou extraímos petróleo e tiramos, tiramos e tiramos até que não sobra nada. As abelhas nunca fazem isso; elas apenas tiram o que é necessário.

O que elas fazem com o néctar que colhem? Elas o transformam em mel doce, saboroso, terapêutico. Se nós pudéssemos tirar algo da natureza e transformá-lo em algo bom, como fazem os grandes artistas, isto seria um exemplo de prática sáttvica. Poderíamos dizer, então, que os seres humanos têm uma inteligência ecológica, que eles têm espiritualidade e generosidade. Mas parece que somos os maiores criadores de lixo sobre a Terra; estamos entulhando aterros sanitários com o nosso lixo. Lixo é tamásico e é um pecado contra a natureza. Na natureza não há lixo; até mesmo aquelas maçãs que não são comidas pelos homens, pássaros ou vespas retornam ao solo e se tornam adubo, que nutre a terra. Essa é a beleza da natureza. Enquanto as abelhas estão tirando néctar das flores, elas as polinizam; elas trabalham verdadeiramente em rede e são excelentes casamenteiras, bem como mestres da transformação.

As abelhas comuns são um exemplo da espiritualidade natural. Elas parecem conhecer e praticar o modelo cíclico da natureza — tudo vem da natureza e volta à natureza — ao passo que os seres humanos inventaram um modelo linear: tiram, usam e jogam fora. O modelo cíclico é o modelo sáttvico, e o modelo linear de poluição, esgotamento dos recursos naturais e lixo industrial, planejado pela civilização, é o modelo tamásico.

Ao longo dos últimos 300 anos, a sociedade industrial tem construído, consciente ou inconscientemente, infraestruturas rajásicas e tamásicas. Agora estamos enfrentando a insatisfação, a angústia e a confusão. Está na hora da transformação.

Identidade sáttvica: Do "eu" ao "nós"

Esta transformação tem de ser uma transformação em nossa consciência e um movimento de nossa identidade rajásica ou tamásica, de separação, para a nossa identidade sáttvica, de relacionamento compartilhado.

René Descartes, filósofo francês do século XVII, foi o pai da filosofia e da ciência dualista. Ele afirmou: "Penso, logo existo." *Cogito ergo sum*. Esse foi um dos pontos de partida da identidade separacional. A natureza está aí fora, separada dos seres humanos. Uma identidade alternativa é: "Você existe, portanto eu existo." É uma identidade relacional e holística — terra, ar, fogo, água e alimento existem, logo eu existo. Meus pais, meus ancestrais existem, portanto eu existo.

Quem sou eu? Sou apenas um hindu, um escritor, um homem? Qual é a minha verdadeira identidade?

Eu sou feito de toda a evolução da Terra; eu sou um microcosmo do macrocosmo. Não há nada no universo que não esteja aqui, em mim. Todo o universo está contido em mim, assim como uma árvore está contida numa semente. Terra, ar, fogo, água, tempo, espaço, luz, história, evolução e consciência — tudo está em mim. No primeiro momento do *Big Bang* eu estava presente, por isso carrego em mim toda a evolução da Terra. Também carrego os bilhões de anos de evolução por vir. Eu sou o passado e o futuro. Nossa identidade não pode ser definida por afirmações tão estreitas como a de que sou britânico, indiano, cristão, muçulmano, hindu, budista, médico ou advogado. Essas identidades rajásicas são secundárias, por conveniência. Nossa identidade sáttvica ou verdadeira é universal, cósmica. Quando tomo consciência desta identidade sáttvica, primordial, posso então ver meu verdadeiro lugar no universo, cada ação minha se torna uma ação sáttvica, uma ação espiritual.

Se eu sou um jardineiro, com minha consciência transformada, estou manifestando a beleza, a enormidade, a continuidade e a abundância do universo. E a exemplo da abelha comum, estou transformando algo que era uma mera semente não comível em um fruto. Fruto é mel! Quando uma abelha faz mel, eu faço fruto. Cada um de nós tem essa possibilidade, essa imaginação e essa criatividade de transformação que foi enfraquecida e em alguns casos destruída pelo nosso sistema industrializado e econômico. Se eu quiser despertar essa criatividade, essa imaginação, esse espírito humano, então eu tenho de me tornar um transformador: transformar o trigo em pão, a argila em esculturas, as palavras em poemas, o papel em gravuras. Eu tenho de transformar o meu ser de consumidor em criador e trazer a alegria em tudo o que eu fizer.

A alegria é a qualidade sáttvica mais fundamental. Na Índia, a palavra para alegria é *ananda*. Quando alguém se torna um monge hindu, recebe um novo nome que sempre termina em *ananda*: Yogananda, Muktananda, Shivananda.

Por que Yogananda? Por que *ananda* precisa ser acrescentada ao Yoga? Você pode praticar yoga todos os dias — de manhã, à tarde, dia após dia, e ainda assim se sentir miserável. De que adianta praticar yoga desse modo? Por isso yoga deve estar acompanhado de *ananda* — alegria. O mesmo vale para cuidar de um jardim, trabalhar no campo, fazer pães e até mesmo lavar louça — seja o que for que você esteja fazendo, faça-o com alegria, com prazer, com amor e criatividade. É difícil ser um bom pintor se você não gosta de pintar, um bom poeta se você não gosta de escrever, um bom padeiro se você não gosta de cozinhar. Fazer pão é um poema; cultivar flores e legumes é uma pintura. Nós precisamos transformar nosso trabalho cotidiano em uma obra de arte e em uma atividade espiritual. Este é o chamado trabalho sáttvico.

Ananda Coomaraswamy disse: "Um artista não é um tipo especial de pessoa, mas toda pessoa é um tipo especial de artista." O sistema industrial de produção em massa tira de nós nosso talento artístico singular. Por isso, em nossa vida cotidiana, precisamos transformar nosso trabalho em trabalho sáttvico — trabalho como poesia e poesia como trabalho.

Consumismo tamásico

A falta de imaginação na vida cotidiana criou um vácuo que é repleto pela qualidade tamásica do consumismo extremo, e esse consumismo tamásico, por sua vez, serve de combustível para o aquecimento global.

Muito de tudo o que consumimos — em termos de alimentos, roupas, habitação, agricultura, transporte, tecnologia, lazer — é produzido em massa e depende do uso de combustíveis fósseis em grande escala. Ainda assim, um nível mais elevado de padrão de vida, crescimento econômico e consumo tem sido e continua a ser a aspiração incontestada de todos os governos e de todas as sociedades industriais.

No entanto, o desafio do aquecimento global está gradualmente provocando uma certa mudança de consciência dos políticos, dos planejadores políticos e dos líderes empresariais. Até mesmo a mídia tradicional e os grupos conservadores estão começando a falar sobre economia como subordinada à ecologia. Um número cada vez maior de pessoas está percebendo que não podemos continuar como antes: os negócios tradicionais deixaram de ser uma opção, porque o consumismo incessante não é uma prática sustentável.

Atualmente, essa mudança de consciência é apenas superficial. O alto nível de emissões de carbono que estamos produzindo é meramente o sintoma do problema, não a causa principal. Para tratar o sintoma, os planejadores políticos estão procurando biocombustíveis, em lugar de combustíveis fósseis. Eles estão procurando descobrir novas fontes de energia, tais como a energia solar, eólica e nuclear. No fundo, porém, o que querem é continuar consumindo tanto quanto já fazem, talvez ainda mais, só que por intermédio das chamadas fontes renováveis. Não estamos nos iludindo ao pensar que consumismo e sustentabilidade podem caminhar lado a lado? Não é o caso aqui de pau ou pedra?

A crise climática é, na realidade, a crise do consumo. Se de fato precisamos de mais roupas, de mais computadores ou de mais cosméticos, a questão é vista como irrelevante. O problema é que temos de ter essas coisas; temos de continuar consumindo para fazer com que a roda da economia continue girando; temos de continuar comprando para manter as pessoas empregadas, não importa quais sejam as consequências. Mais de três quartos das florestas do mundo já foram destruídos para alimentar nosso consumismo, e ainda assim a destruição continua. Todos os anos uma área adicional de florestas virgens do tamanho da Áustria é destruída na Amazônia e na Indonésia para que possamos continuar consumindo. Nós vamos à guerra para assegurar os suprimentos de petróleo para que possamos continuar consumindo. E agora simplesmente desejamos descobrir alguma nova tecnologia milagrosa para evitar as consequências do nosso consumismo cego. Mas não existe nenhum tipo de consumismo isento de consequências. Não podemos escapar aos efeitos de nossa cultura consumista.

Portanto, a solução não é simplesmente substituir combustíveis fósseis por biocombustíveis, e sim substituir nosso consumismo quantitativo por um estilo de vida qualitativo. Nós precisamos trocar o conceito de mais e global pelo conceito de menos e local, a ganância pela frugalidade, a acumulação pelo contentamento, o emprego pelo sustento, e o desejo pelo prazer; em outras palavras, precisamos trocar o tamásico pelo sáttvico, e o materialismo pela espiritualidade. Em lugar do consumo dos recursos naturais, precisamos de uma cultura que valorize o mundo natural.

Uma onda gigantesca de consumismo está varrendo o mundo. Um consumismo moderado é rajásico e poderia ser administrável. Mas a atual forma extremada de consumismo é tamásica e está conduzindo a Terra e a humanidade para uma rota de colisão. A humanidade está tão estragada pelo consumismo tamásico que, apesar de sabermos que ele é catastrófico, somos incapazes de mudar seu rumo. Coletivamente, a humanidade moderna não sabe como mudar de rumo e como impedir que a força tremenda da cultura de consumo global a faça cair no abismo.

A posse é rajásica, o relacionamento é sáttvico

"Na época da colonização branca, os nativos da América do Norte achavam incompreensível o conceito de propriedade da terra. E assim eles a perderam quando os europeus os fizeram assinar papéis que lhes eram igualmente incompreensíveis. Eles sentiam que pertenciam à terra, mas que a terra não lhes pertencia."

Eckhart Tolle

Nas culturas indígenas, não existia a noção de propriedade. Essas pessoas "primitivas" não se consideravam donas da natureza. Como os tigres, elefantes, cavalos, pássaros e outras espécies tinham comida, água e abrigo sem possuir a terra ou a floresta, assim também tinham os nativos norte-americanos, os bosquímanos do Kalahari, os adivasis da Índia e os aborígines da Austrália. Esses povos floresceram por milhares de anos sem possuírem a terra. Os nativos norte-americanos acreditavam que a geração presente guarda a terra para as futuras gerações. Por isso, antes de agir, devemos pensar: qual será o impacto de nossa ação sobre a sétima geração depois de nós?

A ideia de possuir a terra e os animais começou com o desenvolvimento da agricultura e a chamada civilização. Mas, nos tempos primitivos, a prática da propriedade não era tão danosa. As pessoas trabalhavam com ferramentas manuais, cultivavam a terra sem máquinas e pescavam nos oceanos com pequenos barcos e com pequenas redes de pesca. Para elas, a natureza não era uma mercadoria; antes, porém, era uma parceira na busca do sustento. Com essa mentalidade afável e uma tecnologia de baixo impacto, a propriedade não causava grandes problemas.

Hoje, no entanto, com tecnologia avançada, produção em massa, comércio global, velocidade de comunicação e uma sede insaciável e um desejo rajásico de fama, fortuna e poder, o conceito de propriedade tem um impacto devastador sobre a sobrevivência da própria terra.

Neste contexto, é correto questionar a própria noção de propriedade da natureza. Nós somos parte da teia da vida, não os proprietários, nem mesmo os gerentes ou administradores da Terra. Em vez disso, devemos nos considerar amigos ou curadores da Terra; a propriedade é rajásica, a curadoria é sáttvica.

A ideia de curadoria, em nossa época, foi formulada por Mahatma Gandhi. Ele acreditava que cada geração humana devia assumir a responsabilidade de curadora dos interesses de todos os seres vivos e das gerações futuras. Um bom curador tem a responsabilidade de não dissipar o capital original — somente os juros ou os rendimentos devem ser gastos. A lei não permite que os curadores usem o dinheiro em seu próprio proveito pessoal. Eles podem reembolsar despesas, o que significa que podem tirar aquilo de que realmente necessitam, mas nada mais. Os curadores devem usar o rendimento do fundo que administram em benefício do público em geral.

No sistema capitalista, supõe-se que os recursos naturais constituem renda, em vez de capital. O fato de nós os chamarmos de "recursos" mostra que os consideramos objetos a serem possuídos e usados. Gandhi, porém, acreditava que a própria Terra é o capital e que não devemos exauri-lo. Como curadores, precisamos procurar maneiras de repor e aumentar, e não diminuir os ativos da Terra. Somente os frutos renováveis da Terra podem ser compartilhados entre as pessoas e as outras criaturas. Todas as criaturas vivas podem, é claro, desfrutar as maçãs da árvore, mas não destruir a própria árvore. Se tivermos de cortar árvores, então, na qualidade de curadores, é nossa responsabilidade plantar um número ainda maior do que o que cortamos. Os frutos das árvores, das florestas, dos rios, das montanhas e todos os outros recursos naturais estão aí para ser compartilhados em prol da continuação da vida. Todas as criaturas, humanas ou não, devem ter acesso aos frutos da Terra, ao contrário de um pequeno número de pessoas que são donas do capital natural e excluem os outros dele, o que leva às consequências tamásicas de guerras e revoluções violentas.

Esta mudança radical em nossa consciência não impede, necessariamente, o empreendedorismo ou novos empreendimentos imaginativos, mas esses empreendimentos devem ser motivados pelo autoenriquecimento e a busca de si mesmo; ou melhor, eles devem ser motivados pelo desejo sáttvico de servir e reabastecer a Terra. A fim de estabelecer o conceito de curadoria, devemos começar com uma mudança de ideias e uma transformação de nossa visão de mundo.

Se continuarmos avançando pelo caminho da propriedade, esperando que todas as pessoas — seis bilhões de seres humanos — tenham acesso ao mesmo tipo de recursos, logo ficaremos desapontados. Por isso, precisamos desenvolver uma nova visão de mundo que seja diferente da ideologia rajásica de altos padrões de vida para todos por meio da expansão da propriedade. A visão rajásica enxerga a natureza como uma propriedade; a visão sáttvica enxerga a natureza como um dom. Na concepção de mundo sáttvica, a qualidade de vida é mais importante do que a quantidade de posses.

Existe uma relação entre as pessoas que sofrem de pobreza crônica de um lado, e a posse dos recursos naturais por uma minoria, de outro? A resposta é sim. A maioria dos favelados urbanos e dos pobres no campo não tem acesso direto à terra, às florestas ou à pesca. Esses recursos naturais estão investidos nas mãos de alguns particulares. A propriedade dos meios de subsistência tem-se tornado cada vez mais concentrada.

Como é que podemos ser donos da terra, das florestas, dos rios e dos oceanos? Assim como o ar e o sol, a comida e água são dons da natureza — e devem ser igualmente acessíveis a todos.

De acordo com alguns biólogos, existem cerca de 300 milhões de espécies sobre a Terra. Com exceção dos seres humanos, todas as outras criaturas — leões, elefantes, macacos, serpentes, abelhas, vermes ou borboletas — têm acesso grátis à comida e à água. Apenas os seres humanos são privados de comida e água grátis, das necessidades básicas de sobrevivência. Nós criamos um sistema de propriedade rajásico que coloca os seres humanos abaixo de todas as outras espécies, no que diz respeito ao acesso à comida e à água. Pode haver montanhas de alimentos apodrecendo em armazéns, e toneladas de grãos queimadas para manter os preços de mercado, mas se os seres humanos não dispõem de dinheiro, eles não podem ter nem comida nem água.

Nós construímos um sistema rajásico que transforma comida e água em *commodities* (mercadorias) a serem compradas e vendidas com dinheiro que é controlado por agiotas e bancos. O dinheiro deve ser um meio de troca, mas na realidade ele se tornou o regente da nossa vida. E como a oferta de dinheiro é sempre escassa, não há como garantir que todos os seres humanos tenham o suficiente; por conseguinte, não há como garantir suprimento de comida e água para todo ser humano na face da Terra.

Assim sendo, a pobreza não é um fenômeno natural, ela é resultado da transformação rajásica em projeto tamásico.

Hoje em dia, a própria luta contra a pobreza se transformou num grande negócio. Ela se tornou um meio de ganhar dinheiro para aqueles que já possuem muito dinheiro. Nos últimos sessenta anos, governo após governo de todos os países têm falado em reduzir a pobreza. As agências das Nações Unidas, os órgãos de desenvolvimento, a Organização de Comércio Mundial, O Banco Mundial, o Fundo Monetário Internacional e as organizações filantrópicas estão todas envolvidas no negócio de eliminar a pobreza. Os líderes mundiais vêm planejando as Metas de Desenvolvimento do Milênio com a melhor das intenções. Mas, apesar de toda a retórica e da publicidade dos meios de comunicação, e os *slogans* de "fazer da pobreza história", a miséria dos pobres continua a se aprofundar enquanto a fortuna dos ricos continua subindo. O fluxo líquido da riqueza está constantemente indo dos pobres para os ricos.

Assim, o desafio urgente que o mundo enfrenta não é dar mais *aos* pobres, mas tirar *menos* dos pobres; parar de criticá-los e abrir caminho para que eles possam cuidar de si mesmos.

Os beneficiários dos programas de redução da pobreza têm sido empreiteiros, engenheiros, planejadores, comerciantes, burocratas do governo e funcionários dos órgãos de assistência. Em nome do combate à pobreza, grandes represas foram construídas, desalojando comunidades e povoados, forçando milhões de pessoas a deixar suas casas e ir para favelas urbanas. Em nome da crescente produção de alimentos, a agricultura foi industrializada e mecanizada, desempregando trabalhadores agrícolas, levando à falência propriedades rurais exploradas por famílias e tornando endividadas e antieconômicas pequenas propriedades rurais. Em nome do emprego crescente, a produção em massa de bens de consumo foi introduzida, deixando sem trabalho artesãos e artífices. Falando em termos simples, a maior parte dos esforços para derrotar a pobreza foi bem-sucedida em aumentá-la — beneficiando os privilegiados e os poderosos.

A pobreza jamais será eliminada a não ser que eliminemos a injustiça. O livre acesso aos recursos naturais para a obtenção de comida e água é o direito natural de todos os seres vivos. A negação desse direito é a causa da pobreza. A pobreza não é o problema; a injustiça é que é o problema.

A riqueza é o problema. A fim de "fazer da pobreza história", temos de fazer da riqueza história.

Precisamos fazer uma mudança fundamental, uma mudança de paradigma, uma mudança de propriedade para relacionamento. Não somos donos da natureza, nós temos uma relação com a natureza. A natureza não nos pertence, nós pertencemos à natureza. A natureza é um dom para nutrir todos os seres vivos. A propriedade nos aprisiona no materialismo. Os relacionamentos nos liberam e nos levam ao bem-estar físico e espiritual.

O fim da propriedade privada não significa o estabelecimento da propriedade estatal ou coletiva. O problema não é se a natureza é possuída por indivíduos ou governos particulares. O problema está no próprio conceito de propriedade. A falha consiste na ideia de que os seres humanos podem ser proprietários da natureza. Propriedade significa controle, relacionamento significa parceria e participação. Não podemos controlar a natureza, mas podemos participar no processo da natureza. Nós, humanos, também somos a natureza. Tudo o que nasce é natureza. Mães fazem assistência pré e pós-natal; natal, nativo e natureza são palavras que derivam da mesma raiz.

A pobreza não é causada por falta de alimento, ela é causada por falta de acesso ao alimento. Existe abundância na natureza. Uma semente de maçã produz centenas de maçãs, ano após ano, por muito tempo. Se milhões de espécies conseguem satisfazer sua fome e sede sem dinheiro, por que os seres humanos não podem fazer o mesmo? O problema não é a pobreza — a pobreza é o resultado da apreensão dos dons da Terra por uma minoria.

Um programa de 11 pontos para a ação sáttvica

É fácil sentir-se impotente à sombra dos interesses políticos, consumistas e corporativos que exercem tanto poder rajásico sobre nossa vida e sobre o meio ambiente. Instintivamente, quando sentimos uma sensação de urgência com relação à situação embaraçosa do mundo natural, nos vêm à baila estas perguntas: "O que posso fazer?" "Como posso efetuar uma mudança?" "De que modo posso fazer com que minha voz seja ouvida?" "De que maneira posso levar uma vida sáttvica?"

A resposta de Mahatma Gandhi era muito simples e direta: "Seja a mudança que você deseja ver no mundo." A mudança política e corporativa permanecerá superficial e inadequada sem uma mudança pessoal. De fato, sem uma ação individual essas mudanças maiores não ocorrerão. A mudança política só acontecerá quando um grande número de pessoas praticarem aquilo em que elas acreditam. Se houver um grande e suficiente movimento de opinião pública e bastante participação popular, os governos serão obrigados a apresentar leis e criar transformações estruturais. Nós temos de fazer mudanças de baixo para cima a fim de forçar a transformação de cima para baixo.

Apresento aqui meu programa de 11 pontos para a ação sáttvica. Todos e qualquer um de nós podemos começar a vivenciar valores sáttvicos em nossa vida cotidiana. Todos nós podemos dar esses poucos passos simples para combater os valores rajásicos do consumismo, tratar do problema do aquecimento global e começar a viver uma vida de alegria.

1. Mudar nossas atitudes

Nossa cultura industrial é antropocêntrica e utilitária. Nós valorizamos a natureza por causa de sua utilidade. Se quisermos um futuro sustentável, precisamos mudar essa mentalidade. Precisamos reconhecer que todas as formas de vida têm valor intrínseco. Sem esse tipo de mudança em nossas atitudes pessoais para com o mundo natural, não poderemos alcançar um estilo de vida sáttvico sustentável. Em lugar do cálculo utilitário, requer-se uma visão de mundo reverente, respeitosa. Com isso, vamos destruir menos, envenenar menos, matar menos, proteger mais, respeitar mais e celebrar mais.

2. Viver com simplicidade

Um alto padrão de vida — medido pelo dinheiro e pelos ganhos materiais — tornou-se a coisa mais importante da sociedade moderna. Em vez disso, para uma existência que não prejudique o meio ambiente, precisamos buscar qualidade de vida. Falando a grosso modo, precisamos viver com mais simplicidade, para que outros possam viver com simplicidade. Qualquer tolo sabe tornar a vida complicada; é preciso um gênio para torná-la simples.

3. Consumir menos

Cinquenta anos atrás a população mundial era de 3 bilhões. Agora ela dobrou para 6 bilhões e os seres humanos, no seu ritmo atual de consumo, estão ultrapassando a capacidade da Terra — fato este pelo qual todos nós devemos assumir responsabilidade pessoal. Alguém que vive no Ocidente consome cinquenta vezes mais do que uma pessoa no Terceiro Mundo; isso significa efetivamente que a população ocidental está multiplicada cinquenta vezes. Por conseguinte, viva com mais leveza, tirando da natureza somente o que é necessário, de modo a deixar uma pegada menor sobre a Terra. "Existe o bastante no mundo para atender a necessidade de todos, mas não o bastante para satisfazer a cobiça de qualquer um", disse Mahatma Gandhi.

4. Não desperdiçar

O desperdício é um pecado contra a natureza, uma maldição da vida moderna e uma qualidade tamásica da mais alta ordem. Todos os dias, milhões de toneladas de lixo são lançadas no mundo natural, e este simplesmente não consegue aguentar. A quantidade de fogões velhos, máquinas de lavar, geladeiras, computadores e aparelhos de televisão está agora se acumulando a uma taxa de seis milhões de toneladas ao ano, estimativa essa que deverá dobrar nos próximos anos, e a maior parte desses materiais acaba em aterros sanitários, desperdiçando recursos e colocando riscos para a saúde e o meio ambiente. Milhões de garrafas e sacos de plástico estão bloqueando o sistema, poluindo rios e oceanos. Portanto, a reutilização, o conserto e a reciclagem devem ser considerados grandes virtudes sáttvicas. Um procedimento muito simples consiste em reutilizar sacos plásticos, ou levar uma sacola de pano quando você for fazer compras. Outro consiste em redescobrir o velho aforismo, "arranje-se e conserte o que tiver", em resistir à tentação de substituir utensílios (fogões e máquinas velhos) e móveis quando os antigos ainda servem. Fazendo isto, estaremos atacando o consumismo.

5. *Não usar produtos nocivos*

Na limpeza de casa e na lavagem de roupas, use produtos orgânicos e ambientalmente amigáveis. Na construção, vestuário e mobília de casa, dê preferência a materiais naturais e de origem local.

6. *Andar a pé*

Nossa vida se tornou dependente de carros, ainda que para curtas distâncias. Essa falta de exercício nos deixa obesos e doentios. Nós vivemos em casas, circulamos em veículos e trabalhamos em escritórios; quase nunca entramos em contato com o mundo natural. Mas, se não conhecemos, não vemos e não experimentamos a natureza, como podemos amá-la? E se não amamos a natureza, como podemos protegê-la? Por isso, caminhar pela natureza, caminhar nos dias de lazer e ir a pé ao trabalho pode ser um verdadeiro limiar de um modo de vida sáttvico.

7. Fazer pão

Gandhi defendia a atividade de fiar e tecer roupas em casa como uma forma de oposição ao consumismo, reconectando-nos com a tradição e proclamando as virtudes da simplicidade. Para nós, fazer nosso próprio pão pode servir ao mesmo propósito.

8. Meditar

Nossa vida se tornou muito atarefada e estressada. A pressão do trabalho, a pressão para sermos bem-sucedidos, para adquirir, para lidar com um excesso de informações — tudo isso aumenta nossos níveis de stress. Para restaurar o equilíbrio, precisamos reservar algum tempo durante o dia para o reabastecimento pessoal, para o desenvolvimento da alma, para reflexão, para criatividade e para que nossa adequada relação com o mundo natural cresça e se desenvolva. Todos os dias, durante meia hora pelo menos, precisamos de solidão, quietude e silêncio para que o restante do dia se construa sobre os alicerces da tranquilidade sáttvica.

9. Trabalhar menos

Apesar da produção em massa, da industrialização, da automação e da mecanização, trabalhamos demais, muitas vezes a ponto da exaustão. Quase sempre, quando as pessoas voltam do trabalho para casa, elas não têm energia para fazer outra coisa a não ser sentar diante da televisão. Apesar de nossa riqueza e de um crescimento econômico sem precedentes, nosso trabalho nos escraviza. Para um futuro sustentável, precisamos trabalhar menos, fazer menos, gastar menos e ser mais. Diminua o ritmo e vá mais longe. De uma existência simples surgem relacionamentos, celebrações e alegria. Um modo de vida sustentável é um modo de vida feliz. O corrente sistema de dívidas, de pagamento de hipotecas e de outras obrigações nos força a trabalhar mais, mas se formos conscientes, podemos reprogramar nossa existência de modo a criar um melhor equilíbrio entre vida e trabalho.

10. Informar-se

Ninguém pode estabelecer um plano para uma vida sáttvica; cada um de nós tem de desenvolver suas próprias ideias. Temos, porém, de construir sobre todo esse novo modo de pensar nesta área. Há livros, revistas e cursos que podem nos ajudar. Precisamos dedicar tempo para o estudo.

11. Organizar-se

Interesses adquiridos sempre encontrarão meios de enganar as pessoas e buscar lucro e poder em detrimento da Terra. Assim sendo, precisamos estar acordados e alerta, e falar abertamente contra os atos de exploração dos poderosos — dizer a verdade ao poder! Mas não se pode fazer esses protestos sozinho; temos de ser solidários com organizações que trabalham por um futuro sustentável. Escolha uma organização que se adapte ao seu temperamento e trabalhe dentro de sua comunidade local. Forme um grupo e se interesse pela política da sua localidade, organize-se, comunique-se e divida suas preocupações com os outros.

O paradoxo da nossa era

Temos casas maiores mas famílias menores;
mais conforto, e menos tempo.
Temos mais diplomas, e menos bom-senso;
mais conhecimento, e menos juízo;
mais remédios, e menos saúde.
Fomos até a Lua e voltamos,
mas temos dificuldade em atravessar a rua
  para conhecer os novos vizinhos.
Construímos mais computadores que comportam
  mais informação,
que produzem mais cópias do que nunca,
mas temos menos comunicação.
Nós crescemos em quantidade,
mas encolhemos em qualidade.
Esta é a época de alimentos rápidos e digestão lenta;
de homens altos e de pouco caráter;
de lucros exorbitantes e relacionamentos superficiais.
É um tempo em que há muito na janela,
e nada no quarto.

Sua Santidade o 14º Dalai Lama

Capítulo 4

A ECOLOGIA SÁTTVICA

O espírito verde

Dissolva o orgulho rajásico com a humildade sáttvica.
Dissolva a ganância rajásica com a generosidade sáttvica.
Dissolva a arrogância rajásica com a gratidão sáttvica.
Dissolva a raiva tamásica com a amabilidade sáttvica.
Dissolva a ignorância tamásica com a consciência sáttvica.

O modo como as três qualidades — sattva, rajas e tamas — se relacionam com o movimento ecológico tem sido uma questão constante em minha mente. Eu de fato penso que há três maneiras de compreender e praticar a ecologia. Uma atitude reverente para com a natureza é a ecologia sáttvica. Uma compreensão científica e analítica da natureza é a ecologia rajásica, e uma relação tamásica e utilitária com a natureza não pode mais ser chamada de ecologia; esta é uma espécie de ambientalismo de exploração.

A ecologia sáttvica precisa ser enriquecida com um entendimento espiritual dos vínculos entre os seres humanos e os milhões de outras formas de vida.

Dada a amplitude do programa ecológico, é surpreendente que as muitas abordagens modernas da natureza sejam unidimensionais. Elas são puramente científicas e, por conseguinte, são rajásicas. Faltam-lhes profundidade e totalidade. O ambientalismo científico começou com a publicação de *Primavera silenciosa*, em 1962. O relatório do Clube de Roma, *Os limites do crescimento* (1972), trouxe mais incentivo à questão. O projeto de sobrevivência formulado pela revista *The Ecologist* deu continuidade a esse incentivo. E a Conferência das Nações Unidas sobre o meio ambiente em Estocolmo, em 1972, tornou-se um acontecimento marcante. Todos esses marcos importantes contribuíram muito para a construção do movimento ambiental de hoje. Os governos, a mídia, a comunidade científica, um grande número de organizações não governamentais e ambientalistas profissionais parecem pensar que podem tratar dos sintomas da crise ambiental, controlar a poluição, conservar os recursos naturais e administrá-los melhor em benefício da humanidade a longo prazo. O filósofo norueguês Arne Naess chamou isso de "ecologia rasa". Eu a chamaria de ecologia rajásica.

Menos reconhecida, mas correndo em paralelo com o ambientalismo científico, tem sido a busca de uma ecologia espiritual. Um pequeno número de pessoas começou a examinar as causas mais fundamentais da crise ambiental em meados dos anos 1960 e questionou os valores e a cultura que deram origem ao desejo de crescimento econômico ilimitado e de consumismo sem contestação. E. F. Schumacher formulou este ponto de vista em seu ensaio clássico, "Economia Budista". Ele foi talvez o único economista ocidental eminente que ousou juntar essas duas palavras. Ele era um ecologista holístico.

Alinhado com Schumacher, na década de 1970 Ivan Illich também contribuiu para a escola de pensamento que assentou a economia e a ecologia em fundamentos éticos e sáttvicos. Tanto Schumacher como Illich buscaram muita inspiração no pensamento de Mahatma Gandhi, no budismo e em outras tradições espirituais do Oriente e do Ocidente.

Foi mostrado que a visão científica do ambientalismo se baseia na separação entre sujeito e objeto — entre observador e observado — ao passo que a ecologia sáttvica percebe uma linha contínua sem sutura entre o observador e o observado. Os ambientalistas científicos falam da natureza lá fora, embora para os ecologistas sáttvicos não existe uma distinção entre natureza e a humanidade. Não existe tal coisa como o meio ambiente lá fora, do qual os seres humanos estão encarregados. Nós somos parte integrante do meio ambiente. A questão é entender a relação entre as inumeráveis formas de vida, uma das quais é a vida humana.

Uma emoção comum entre os cientistas parece ser a força propulsora por detrás da preocupação muito difundida quanto à saúde de nosso frágil planeta: o medo. Eles temem as consequências da mudança climática. Temem o derretimento das calotas polares e a elevação dos níveis dos oceanos, o que fará com que países abaixo do nível do mar como Bangladesh submerjam e trará a catástrofe a cidades como Londres. Temem que os pesticidas e outros resíduos químicos nos alimentos possam prejudicar nossa saúde e a saúde dos nossos filhos. Temem o esgotamento das fontes de energia — as luzes em nossas casas se apagarão. Eles temem que possamos já estar atingindo um ponto de inflexão além do qual os sistemas naturais ficarão irreversivelmente danificados e a civilização entrará em colapso.

O medo pode ser um mecanismo de defesa útil no sentido de fazer com que as pessoas ajam para proteger o meio ambiente. O medo do fim da civilização pode motivar as pessoas a mudar as políticas e os estilos de vida, a fazer os difíceis cortes na emissão de gás carbônico, necessários para combater o aquecimento global. O medo tem seu lugar, mas deve-se mantê-lo estritamente em seu lugar. O medo é uma qualidade tamásica; se deixarmos que ele nos oprima, nos governe, se o medo se tornar a força motriz por trás do nosso ambientalismo, é provável que fiquemos debilitados, sem energia e deprimidos.

Precisamos nos lembrar de que o poder do amor é maior do que o poder do medo. Nossa vida e nossas ações precisam estar enraizadas no amor pela Terra e pelo mundo natural. A maior parte das pessoas tem um amor intuitivo pela natureza: caminhar por bosques selvagens, nadar em rios limpos e gostar de animais é tão natural para nós quanto cuidar de nossos filhos e de nossa família. Muitos de nós intuitivamente somos amigos da natureza, mesmo que não o saibamos. Para a maioria das pessoas no mundo, gostar da Terra é um modo de vida, mais que um modo de lidar com a crise.

A saúde da Terra é um desafio moral e político, assim como político e econômico. As soluções fundadas no medo serão soluções erradas, reações de pânico a uma determinada crise. Por causa do medo, nós construímos armas nucleares. Depois, para nos salvar delas, construímos abrigos nucleares. Por causa do medo da escassez, perseguimos o crescimento econômico e a globalização, transportando mercadorias pelo mundo, usando combustíveis fósseis que causam o aquecimento global. Para nos salvar do aquecimento global, queremos cobrir a superfície da Terra com moinhos de vento, usinas elétricas nucleares ou com a produção de biocombustíveis em larga escala, o que retira terra da produção de gêneros alimentícios e provoca a escassez de alimentos. Cria-se um círculo vicioso de medo. No passado, nos diziam: "Seja bonzinho ou você irá para o inferno." Agora, nos dizem: "Recicle, ou a civilização vai acabar!"

O medo não é um motivo satisfatório para ser um ambientalista. A ecologia sáttvica oferece um motivo mais sólido e profundo para o nosso ambientalismo: uma convicção de que a Terra é o nosso único lar, e viver em harmonia com ela é bom e suficiente em si mesmo. Um modo simples de vida sáttvico, que respeita o valor intrínseco de todos os seres vivos — os seres humanos e as outras espécies — é o modo de vida correto. Com ou sem aquecimento global, gostar da Terra é nossa obrigação espiritual.

Alguns cristãos acham difícil abraçar esta ecologia sáttvica porque o *Gênesis* fala que os seres humanos têm domínio sobre a natureza: Deus criou o mundo e fez da humanidade a sua guardiã. Muitos cientistas que praticavam o cristianismo em suas vidas particulares inconscientemente transferiram a ideia para a ciência e puseram-se a roubar os segredos da natureza em benefício da humanidade. Contudo, existem outras tradições cristãs. Por exemplo, a de São Francisco, que é o santo padroeiro da ecologia sáttvica. Ele não conversava sobre animais, ele conversava com eles. Ele entendia o espírito dos lobos e pássaros. Para ele, o sol era o seu irmão, a lua sua irmã e o universo inteiro uma família. Se Deus é divino, sua criação tem de ser divina também. Não pode haver pecado maior que poluir e maltratar a natureza, que é um dom de Deus a todas as suas criaturas. Esta consciência se encontra na tradição céltica do cristianismo e nos escritos de Hildegard de Bingen.

Para os hindus, Deus não é a natureza exterior. O universo é uma dança de Shiva. Da mesma forma que a dança e o dançarino não podem estar separados, o criador não pode estar separado da criação. Toda folha de relva, toda gota de água, todo sopro de vento e toda chama de fogo estão embebidas do sagrado. De fato, o universo e Deus são uma única e a mesma coisa: não há dualismo. Deus não é uma pessoa que controla o mundo em algum lugar lá do céu.

Na visão hindu do mundo, tudo é sagrado: a Terra é sagrada, a água é sagrada, o ar e o fogo são sagrados, e o espaço e o tempo são sagrados. Como a natureza é sagrada, ela é boa em si mesma. Não podemos manipular ou poluí-la, explorar ou exauri-la. Este é o princípio de *ahimsa*, a nao violência para com a natureza. Já que os humanos não podem criar a vida, eles não têm o direito de destruí-la. Essa é a atitude de reverência, conforme Albert Schweitzer a expressou — reverência pela vida.

A visão utilitária do ambientalismo tamásico acredita que a natureza existe para a exploração humana. A natureza tem um propósito econômico; portanto, ela deve ser gerida, possuída e usada.

Os ecologistas sáttvicos reconhecem o valor intrínseco da natureza. Eles falam sobre prestar atenção à qualidade, mais do que à quantidade. Eles ensinam as pessoas a tomar consciência de quando o bastante é o bastante. O mestre taoista Lao Tzu disse que quando você souber o quanto é suficiente, você compreenderá que já tem o bastante. Mas quando você não sabe o quanto é suficiente, então não importa o quanto já tem, você jamais terá o bastante. A definição de ser rico não consiste em possuir uma vasta quantidade de objetos e bens; antes, porém, você é rico quando sabe que não precisa de mais nada. A sabedoria para distinguir entre ganância e necessidade surge de uma perspectiva sáttvica.

Vida simples e pensamento elevado estavam entre os ensinamentos do poeta sufi Rumi, que cantou a glória da abundância divina e ainda assim exultou o dom do contentamento. Se lermos a poesia de Rumi num contexto ecológico, ele se torna outro santo padroeiro da ecologia, a exemplo de São Francisco.

A tradição judaica aponta na mesma direção quando diz: "Não me dê pobreza nem riqueza", pois a aquisição material é a mãe da pobreza e, quando se consegue viver no céu do contentamento, o inferno da pobreza e da ganância desaparece instantaneamente.

Toda a tradição espiritual trabalha no nível psicológico para promover a ecologia sáttvica do relacionamento do indivíduo consigo mesmo, com os seus semelhantes e com a natureza em geral. Quando conseguirmos chegar a um acordo com a nossa própria alma e ficar à vontade com a nossa consciência íntima, seremos capazes de desenvolver uma visão de mundo sáttvica.

No entanto, os ambientalistas rajásicos argumentam que o tempo está se esgotando; não podemos nos dar o luxo de provocar uma transformação interior da consciência. O caminho da ecologia espiritual e sáttvica é lento demais. Há uma necessidade urgente de ação imediata por parte dos governos para implementar leis de proteção ao meio ambiente. Esse sentimento de urgência e impaciência ignora o fato de que nos últimos trinta e poucos anos os governos aprovaram muitas leis ambientais e os ambientalistas produziram milhares de livros analisando a urgência da difícil situação em que se encontra o meio ambiente e prognosticando a destruição e o colapso, mas eles não têm sido capazes de lutar contra a maré da globalização econômica, da explosão populacional ou contra a destruição dos ecossistemas e da biodiversidade. Agora está na hora de olhar para o quadro geral com uma visão de longo prazo e desenvolver a ecologia sáttvica.

Uma fonte importante da ecologia sáttvica encontra-se nas culturas de povos nativos ao redor do mundo. A civilização científica da Europa tende a considerar as tradições dos povos tribais como selvagens, atrasadas, subdesenvolvidas e inferiores. Esta é uma rematada tolice da mente moderna. Embora sociedades tradicionais como as que existem na Austrália, nas Américas, na África e na Ásia tenham ruído devido à invasão de forças rajásicas e tamásicas, elas viveram em harmonia com a natureza de uma maneira sustentável durante dezenas de milhares de anos.

Há um sentido de beleza, imensidão, unidade e interdependência profundamente embutido na sabedoria de sociedades tradicionais. Os povos nativos da América do Norte consideravam a Terra sua avó e o céu seu avô.

Os povos aborígines da Austrália viam a existência humana enraizada num tempo de sonhos, sem princípio nem fim. Esse tempo dos sonhos é a própria criação. Ele não é um tempo linear, é cíclico. Tudo se move em ciclos, tudo retorna. Os ambientalistas rajásicos pensam em termos de evolução, desenvolvimento e progresso. Todos esses conceitos são lineares. O tempo cíclico é sáttvico. A concepção linear do mundo olha para o passado como involuído, subdesenvolvido e inferior. Isso não vai nos ajudar a sair de nosso impasse ecológico. Nós precisamos achar alguns outros instrumentos filosóficos, e podemos encontrá-los nas culturas de povos nativos.

Nas sociedades industriais, debaixo da superfície da vida das pessoas jaz um estado de confusão e medo. As pessoas se veem andando dentro de um círculo vicioso. A economia está crescendo rapidamente, mesmo assim há pouca alegria e satisfação. As rodovias estão cheias de carros, mas as pessoas sentem que não estão chegando a lugar algum. Elas têm tudo, ainda assim sentem que não têm nada. O ideal jeffersoniano da procura da felicidade está demonstrando ser uma busca interminável, e sua obtenção ainda é uma miragem.

Por um lado, as pessoas são impelidas a todos os tipos de atos rajásicos e tamásicos de desespero; cultos, seitas, realidade virtual, drogas e inúmeras outras formas de escapismo estão induzindo as pessoas a abandonar sua vida cotidiana, que muitas vezes é desprovida de significado e sem enraizamento. Por outro lado, há uma crescente busca por valores sáttvicos para encontrar realização num relacionamento mais profundo com a natureza. Algumas pessoas estão voltando a trabalhar a terra e a cultivar alimentos orgânicos. Elas estão desenvolvendo um sentimento comunitário dentro de sua vizinhança. Estão recriando um sentimento de lugar e um sentimento de lar. Em vez de voarem até Bahamas para uma temporada de férias rajásicas, elas estão preferindo caminhar por trilhas litorâneas ou por charcos ermos em seu próprio país.

A ecologia sáttvica deve surgir dos movimentos marginais. A Rede de Ecovilas, a Nova Economia, a Economia Moral e a Agricultura Sustentada pela Comunidade, a Ecologia Profunda e Gaia — todas são expressões de uma espiritualidade emergente, que está embutida em sistemas sáttvicos interligados.

Não precisamos ir a uma igreja, a um templo ou a uma mesquita para praticar ecologia sáttvica. Quando olhamos para o mundo com os olhos do coração, os rios e as montanhas se tornam nossas mesquitas, as flores e os campos se tornam nossas sinagogas, as árvores se tornam nossos templos, a celebração das estações se torna uma comunhão e a apreciação da beleza se torna uma prece. Assim, a ecologia sáttvica é uma forma de dar um novo encanto à vida cotidiana na sua simplicidade luminosa.

O ponto de retorno

Frequentemente me perguntam: "O senhor é um pessimista ou um otimista?" E eu respondo, "Sou um otimista", porque o pessimismo é tamásico. Eu sei que no momento o pessimismo está na moda. Cientistas, ambientalistas e climatologistas estão afirmando que a destruição está bem perto e que a civilização está chegando ao fim. Livro após livro nos dizem que já passamos o ponto de virada e já alcançamos o ponto sem retorno. A atmosfera está saturada de dióxido de carbono e o ar está cheio de gases do efeito estufa. Não se cansam de repetir que não importa o que fizermos, não poderemos reverter o aumento de temperatura ou impedir que o mar inunde Londres! O que aconteceu com Nova Orleans acontecerá com Nova York. O aquecimento global veio para ficar. O cenário de destruição e tristeza é exposto tanto por especialistas quanto por ativistas.

Eu não subestimo a gravidade da crise climática. Respeito os cientistas que estão prevendo um futuro catastrófico para a humanidade. Concordo que o nosso atual modo de vida, tão dependente do uso de combustíveis fósseis, paira à beira de um precipício. Se dermos um passo à frente, cairemos no abismo. Logo, a única coisa que podemos fazer agora é dar um passo atrás; chamo este passo de "o ponto de retorno". Nós precisamos retornar a um modo de vida que esteja livre da dependência prejudicial dos combustíveis fósseis. Atualmente, nós queimamos todos os dias milhões de barris de petróleo para produzir nossos alimentos, roupas, casas, aquecimento, iluminação, transporte e lazer. Esse modo de vida não é só perdulário e insustentável; ele é também muito perigoso. A natureza levou 200 milhões de anos para criar a imensa reserva de energia fóssil que nós quase consumimos em 200 anos. A velocidade com que estamos exaurindo a energia fóssil é incrível.

A civilização está passando, coletivamente, por uma noite escura da alma; ela está passando por uma crise ecológica, social e espiritual. Neste momento é fácil ser um pessimista. É fácil enterrar nossas cabeças na areia e dizer que é tarde demais; nós atingimos o ponto sem volta, nada pode ser feito, nosso tempo terminou. Esse pessimismo nasce do medo.

O pessimismo é tamásico porque ele nos enfraquece. Como podemos ter certeza de que é tarde demais? Desistir não é uma opção. Os desafios do aquecimento global, da pobreza global e da ganância global são realmente sérios. Agora é o momento de acordar e nos unir para usar nossa sabedoria coletiva, nossa criatividade e engenhosidade, nossa imaginação humana, para reformular nossos sistemas econômicos, políticos e sociais sobre princípios sáttvicos que sirvam às necessidades de nosso tempo. Esta cultura perdulária, destrutiva e consumista não é obra de Deus. Ela apenas se desenvolveu nos últimos 250 anos aproximadamente e, em termos da escala de evolução do tempo, 250 anos é um período muito curto. O que foi criado pelos seres humanos pode ser transformado pelos seres humanos. Nós somos capazes de passar de tamas para sattva; podemos reconstruir nossa economia em harmonia com a ecologia. Nós temos que trabalhar com otimismo: otimismo é fruto do amor. Neste momento crítico precisamos despertar nossa coragem para amar a Terra e servir a Terra e seu povo. Otimismo nos dá força e inspiração; otimismo não é necessariamente fé naquilo que a gente quer que seja verdade. Otimismo é a fonte de ação correta. Vamos nos pôr à altura do desafio. O pessimismo é o refúgio dos covardes, enquanto o otimismo é a fonte da coragem. O pessimismo gera a passividade; o otimismo leva ao ativismo.

Em sânscrito, existe uma palavra para o ponto de retorno: é *pratikraman*. O seu oposto é *atikraman*, que significa ultrapassar os nossos limites naturais. *Atikraman* acontece quando infringimos a lei universal. Retornar ao centro do próprio ser ou à fonte da sabedoria interior é *pratikraman*. Essas duas palavras do sânscrito fornecem um instrumento útil para a compreensão da difícil conjuntura humana atual e uma possível saída. É necessária profunda introspecção para examinar o estado de nossa psique; nós precisamos indagar: estamos satisfazendo nossa necessidade ou cedendo à nossa cobiça? Estamos curando ou ferindo a Terra?

No contexto do aquecimento global, a dependência ao petróleo é *atikraman* e um retorno à energia derivada diretamente do ar, da água e do sol é *pratikraman*. Uma maneira de começar nosso *pratikraman* consiste em interromper e pôr um limite ao uso de combustíveis fósseis. Precisamos decretar uma moratória na construção de rodovias e aeroportos. Nenhuma casa nova deveria ser construída sem isolamento. Nós precisamos congelar imediatamente a agricultura industrial em todas as partes do mundo. Uma vez que tivermos congelado o uso de combustíveis fósseis, podemos começar o processo de redução e a jornada de regresso aos recursos renováveis. Se planejarmos e gerirmos com cuidado nossa jornada de regresso, conseguiremos escapar da previsão de derretimento. Assim como fomos capazes de reparar o buraco na camada de ozônio com a redução do uso de CFCs, também devemos ser capazes de mitigar as consequências extremas do aquecimento global se impusermos um limite ao uso atual de combustíveis fósseis e nos prepararmos para a jornada de retorno imediatamente.

Para responder ao desafio do aquecimento global, precisamos passar de consumidores para a condição de artistas: temos de encontrar refúgio nas artes e ofícios. Como William Morris e Mahatma Gandhi sustentaram há muito tempo, as artes e ofícios acendem nossa imaginação, estimulam a nossa criatividade e nos trazem um sentimento de realização. Poesia, pintura, cerâmica, música, meditação, jardinagem, escultura e outras formas de artes e ofícios podem satisfazer nossas necessidades humanas básicas, produzindo objetos belos que não exigem, necessariamente, o uso de combustíveis fósseis. A felicidade humana, a prosperidade verdadeira e a alegria de viver só podem surgir de uma vida de simplicidade elegante.

Estamos no ponto de retorno do grosso ao sutil, do glamoroso ao gracioso, do hedonismo à cura, da conquista da terra à conservação da natureza e da quantidade de posses à qualidade de vida. É "legal" ser um otimista.

Oração pela paz

Levai-me da morte à vida,
da falsidade à verdade.

Levai-me do desespero à esperança,
do medo à confiança.

Levai-me do ódio ao amor,
da guerra à paz.

Que a paz encha nossos corações,
nosso mundo, nosso universo.

Paz, paz, paz!

Baseado num mantra sânscrito,
adaptado pelo autor

O encontro de Deus

Dizem os sermões: leia a Bíblia
Para conhecer Deus
Ajoelhe-se e reze
Para conhecer Deus
Obedeça aos mandamentos
Para conhecer Deus
Ontem, porém,
Eu vi uma borboleta
Pousar numa folha seca
Pouco antes do poente
E naquele instante
Eu conheci Deus.

Uma Meditação Maori

Capítulo 5

OS TRÊS TIPOS DE DESENVOLVIMENTO

Desenvolvimento sáttvico

O pensamento se manifesta como palavra;
A palavra se manifesta como ação;
A ação se transforma em hábito,
E o hábito se solidifica em caráter.
Por isso observe o pensamento e seus caminhos com atenção,
E deixe-o brotar do amor,
Nascido da consideração por todos os seres.

Buda

O desenvolvimento, conforme geralmente entendido, diz respeito ao bem-estar econômico, social e material; ele exclui o bem-estar interior, pessoal e interpessoal. Mas nós precisamos dos dois aspectos. Sem o aspecto externo, não pode haver o interno, e vice-versa. O desenvolvimento sáttvico é holístico; ele busca o bem-estar econômico e espiritual simultaneamente. O que parece ser opostos são, na verdade, complementares. Para os que têm fome, Deus se manifesta em pão e, para os que comeram em excesso, em jejum. Quando existe um equilíbrio entre jejum e saciedade e quando todos são capazes de jejuar e saciar-se, então espiritualidade e desenvolvimento econômico revelam-se como os dois lados da mesma moeda.

Há aqueles que defendem o bem-estar econômico como a única meta do desenvolvimento. Para essas pessoas, crescimento econômico e elevação dos padrões de vida são fins em si mesmos; não há nenhum outro significado para a vida a não ser aquisição, posse e consumo; os recursos da Terra existem para ser possuídos e transformados em bens usáveis. A natureza existe para servir às necessidades econômicas de um número sempre crescente de seres humanos. O crescimento econômico é a coisa mais importante do desenvolvimento. Esse tipo de desenvolvimento exclusivamente econômico e exterior é rajásico.

Por outro lado, há aqueles que acreditam que devem voltar seu rosto para Deus e suas costas para o mundo. O mundo está cheio de pecado, o próprio nascimento humano é a marca do Pecado Original, e a natureza humana é intrinsecamente gananciosa, violenta, competitiva e agressiva. Não existe nenhuma outra redenção a não ser aquela oferecida por Deus no Dia do Juízo Final. A fim de agradar a Deus, essas pessoas dizem que é necessário renunciar ao mundo material e libertar-se. Essa negaçao da existência material também é rajásica.

Essa dicotomia entre desenvolvimento econômico e espiritual pode ser sanada cultivando-se um senso sáttvico, o que significa um senso de equilíbrio e harmonia entre as necessidades econômicas e espirituais.

Tem havido muitas tentativas de desenvolvimento rajásico. O Banco Mundial, órgãos de assistência, departamentos governamentais, grupos e indivíduos voluntários têm sido ativos neste campo. Quase sempre esses missionários do materialismo sofrem de arrogância e preconceito: arrogância na crença de que a elite industrial, urbana e culta já está desenvolvida, e agora a tarefa é espalhar este modelo a todos os cantos do mundo; e preconceito na crença de que sociedades tribais, rurais e agrárias são subdesenvolvidas e precisam de educação secular e medicina moderna, computadores e câmeras, tratores e televisores. Para eles, sem estes utensílios modernos, sem estradas e ferrovias, sem refrigeradores e aparelhos de fax, sem carros e edifícios de concreto, sem celulares e iPods, a vida dessas pessoas é primitiva e pobre.

Com esta arrogância e este preconceito rajásicos, as organizações governamentais e não governamentais de assistência têm tentado ajudar os pobres a sair da miséria e do fracasso. Nos últimos cinquenta anos, ampliou-se a lacuna entre os ricos e os pobres como consequência de projetos de desenvolvimento rajásico. Modos de produção industrial destruíram habilidades manuais e pequenas indústrias domésticas, grandes reservatórios desalojaram populações camponesas. Como resultado, as pessoas do campo têm sido forçadas a abandonar suas habitações rurais e migrar para favelas urbanas. A monocultura de produção de alimentos com o uso intensivo de fertilizantes químicos e maquinário tem pressionado a mão de obra agrária a procurar sua subsistência fora do setor agrícola, longe de suas comunidades e de suas famílias. Em resumo, o desenvolvimento rajásico fracassou em obter até mesmo suas metas declaradas.

Por outro lado, tem havido várias tentativas de desenvolvimento sáttvico em pequena escala, animadas por valores espirituais, mas eu gostaria de discutir apenas cinco.

Mahatma Gandhi e a sua visão de desenvolvimento sáttvico como serviço

Mahatma Gandhi foi um dos pioneiros do desenvolvimento sáttvico na Índia. Juntamente com sua esposa e seus colegas, ele foi viver numa área rural, adotando um estilo de vida não muito diferente das pessoas que ele queria servir. Gandhi perseguiu o ideal de serviço local. Para ele, o serviço era fundamental para a melhoria da comunidade.

Ele nem sequer usou a palavra "desenvolvimento" por causa de sua natureza linear. No desenvolvimento linear, o ideal consiste em levar uma economia de subsistência, autossuficiente e autossustentável para um estágio em que o desejo sempre crescente de bens materiais seja considerado um sinal de progresso. Este tipo de desenvolvimento implica que as culturas rurais são atrasadas e que as sociedades urbano-industriais são avançadas. São feitos juízos de valor. Gandhi não entendia o desenvolvimento como produto de um planejamento industrial imposto pelos seres humanos;

ao contrário, ele o entendia como um processo de vida em expansão. O trabalho com os desprivilegiados era uma forma de serviço que beneficiava aqueles que serviam, bem como aqueles que eram servidos. A palavra "desenvolvimento" traz dentro de si um sentido de favorecimento, ao passo que serviço incorpora uma atitude de reciprocidade e humildade. O ideal de serviço é encontrar um sentimento de satisfação no próprio serviço mais do que nos resultados e metas.

Seva ou serviço é um dos princípios sáttvicos cardeais do hinduísmo. Desde a antiguidade, sábios, sadhus e chefes de família praticam e promovem o ideal de serviço em todos os aspectos da vida pessoal e comunitária. Nos lares e templos os hindus devem desempenhar certos atos de serviço para o funcionamento uniforme da sociedade e como um meio de autorrealização. Os templos hindus costumavam ser e, numa extensão menor, ainda hoje são redes de suprimento de alimento, emprego, habitação e apoio psicológico como expressão do princípio de serviço.

Mahatma Gandhi renovou a tradição de serviço e deu-lhe um novo significado. Ele instava as pessoas a oferecer serviço aos outros, independentemente de filiação religiosa, ou distinções de casta e de classe. Seus companheiros incluíam pessoas de diferentes formações religiosas, tais como cristãos, muçulmanos, budistas, sikhs e jainistas. Juntos, eles seguiram o caminho do serviço para pôr fim à injustiça, opressão, exploração, privação e divisão social. Para Gandhi, o serviço tornou-se um princípio revolucionário não só para libertar a Índia do regime colonial, mas também para construí-la como uma sociedade baseada na compaixão e no respeito, de um lado, e num meio de vida seguro, de outro, para que a diversidade de culturas, religiões e etnias pudesse florescer e se pusesse fim à privação.

Gandhi, paladino do conceito de *Seva*, não ocupava um cargo público, não perseguia uma carreira, não acumulava riqueza nem desejava fama. Mesmo assim, milhões de pessoas na Índia e em todo o mundo ainda são cativadas pela sua vida e pelas suas realizações. Ele foi uma fonte de inspiração para muitos porque praticava o que pregava, vivia a transformação que queria ver no mundo, e a sua mensagem não era nada além de sua própria vida. Ele buscou sinceramente a verdade, foi um defensor destemido dos fracos e um praticante intransigente da não violência.

A ideia de serviço, de Gandhi, foi um exemplo de desenvolvimento sáttvico *par excellence*. Para entender a abordagem dele, permita-me dar-lhe um breve resumo de sua formação. Mohandas Karamchand Gandhi nasceu em 2 de outubro de 1869, na cidade de Porbandar, no estado de Gujarat, no oeste da Índia. Seu pai, um hindu devoto, foi primeiro-ministro de seu estado natal; sua mãe era jainista. O jovem Gandhi foi enviado à Inglaterra para estudar Direito. Depois, ele foi para a África do Sul praticar a advocacia. Neste país, ele foi expulso de um trem por segregação, devido à cor de sua pele. Abalado com este embate injusto, Gandhi montou uma campanha de desobediência civil pacífica para expor os males do sistema de Apartheid. Inspirado pelos textos e pelo exemplo de Henry David Thoreau, ele agitou os círculos políticos da África do Sul. Chamou sua campanha de Força da Verdade, em sânscrito *Satyagraha*. Confrontado com a força bruta das armas e as prisões, Gandhi usou o poder da não violência e da verdade, demonstrando a sua superioridade. Surpreendidos pelo uso desta técnica, os perpetradores do Apartheid viram-se confusos e impotentes.

Ao retornar à Índia, Gandhi refinou suas técnicas de *Satyagraha* e introduziu-as para dar ao povo indiano poder para travar sua luta pela liberdade. Seu movimento tornou-se tão forte e eficiente que até o Império Britânico que parecia todo-poderoso não pôde resistir a ele e acabou concordando em conceder independência à Índia. Enquanto a luta pela liberdade estava em andamento, Gandhi trabalhava ideias para uma nova ordem social para a Índia pós-colonial. Ele acreditava que não havia sentido em livrar-se dos britânicos sem livrar-se, ao mesmo tempo, do sistema de governo centralizado, explorador e violento e da economia gananciosa que eles perseguiam. Gandhi formulou uma nova tríade para atingir seu ideal de uma nova ordem social não violenta. Ele a denominou *Sarvodaya*, *Swaraj* e *Swadeshi*.

O primeiro aspecto desta tríade era *Sarvodaya*, "a elevação espiritual de todos". "Todos têm direito a ascender" — não apenas alguns, como no capitalismo, nem mesmo o bem maior para o maior número, como no socialismo, mas toda e qualquer pessoa deve ser cuidada. Isto é *Sarvodaya*. O sistema ocidental de governo tem como base o domínio da maioria e é chamado de democracia. Para Gandhi, isso não era bom o suficiente. Ele queria servir os interesses de todos. A democracia também se limita a cuidar dos interesses dos seres humanos. A democracia que funciona junto com o capitalismo favorece a minoria que dispõe de capital. A democracia com socialismo favorece a maioria, mas ainda está limitada aos seres humanos. Sarvodaya inclui o cuidado com a Terra — com os animais, as florestas, os rios e o solo. A visão de Gandhi está mais bem condensada no conceito de *biocracia* do que no de democracia.

O segundo aspecto da tríade de Gandhi é *Swaraj*, "governo autônomo". Swaraj atua no sentido de provocar uma transformação social através de estruturas de governo participativas, em pequena escala, descentralizadas, organizadas e dirigidas autonomamente. Implica também a autotransformação, a autodisciplina e o autodomínio. Portanto, Swaraj é um conceito moral, ético, ecológico e espiritual, além de ser um método sáttvico de governo.

A terceira parte da tríade é *Swadeshi*, "economia local". Gandhi se opunha à produção em massa, preferindo a produção pelas massas. O trabalho para ele era uma necessidade tanto espiritual como econômica. Por isso ele insistia no princípio de que todos os membros da sociedade devem estar envolvidos com o trabalho manual. Conforme dizia, a manufatura em pequenas oficinas e a participação nas artes e ofícios alimenta o corpo bem como a alma. Ele acreditava que o transporte de mercadorias a longa distância, o comércio competitivo e o crescimento econômico implacável são rajásicos, tendendo para tamásicos, porque destroem o tecido das comunidades humanas. Dentro do contexto de *Sarvodaya*, *Swaraj* e *Swadeshi*, quando as pessoas cuidam umas das outras e se preocupam com a Terra de forma constante e regular, o desenvolvimento surge por meio de *seva* e é uma forma de desenvolvimento sáttvico.

A tradução de *seva* como serviço não dá conta do seu significado profundo. Por exemplo, alguém pode ser pago por um serviço, mas seva é oferecido como uma dádiva. Seva implica devoção e um comprometimento a longo prazo. Ele é bom em si mesmo, independentemente de resultados e realizações. A pessoa que executa seva não tenta mudar o mundo, mas servir o mundo. O desejo de mudar os outros envolve certo grau de presunção. Quando queremos mudar o mundo, sabemos o que é bom para o mundo e desejamos moldá-lo à nossa imagem e aos nossos objetivos.

A pessoa envolvida em servir o mundo aceita suas próprias limitações e doa a si mesma para o bem-estar do outro, acreditando que o outro não é diferente em nada de mim, e que eu não sou diferente em nada do outro. Não há dualidade nem separação entre quem serve e quem é servido. Ambos existem numa teia de relacionamentos e ambos estão em busca de satisfação espiritual, assim como de bem-estar físico e material. Foi este espírito que inspirou milhares de adeptos de Gandhi a se comprometerem com o desenvolvimento sáttvico por meio do serviço.

O próprio Gandhi fundou um *ashram* na Índia central, próximo à cidade de Wardha, e deu-lhe o nome de *Seva Gram*, "aldeia de serviço". Ali ele praticou uma vida de oração, meditação e estudo dos textos sagrados de todas as religiões. A partir dali ele também trabalhou para a erradicação da intocabilidade, cuidou dos doentes incluindo leprosos, da emancipação da mulher, do saneamento da aldeia, da agricultura orgânica e do treinamento das pessoas na fiação, tecelagem e em outras artes e ofícios.

Na opinião de Gandhi, os pobres são pobres não porque não tenham habilidades ou educação ou porque sejam estúpidos ou preguiçosos. Eles são pobres porque os ricos e poderosos os privaram injustamente do acesso à terra, de materiais, ferramentas e outros meios de subsistência. Portanto, a partilha dos meios de subsistência com todas as pessoas da comunidade era o primeiro passo na direção do desenvolvimento sáttvico. O problema, tal como Gandhi o entendia, não era a pobreza; o problema era a riqueza e a injustiça. Não eram os pobres que precisavam se desenvolver; eram os ricos que precisavam aprender a compartilhar. Para Gandhi, Deus está no pobre; e chega até a sua porta na forma de um mendigo. Dar e compartilhar são uma prática espiritual, mais do que um ato de orgulho e de superioridade. A ganância dos ricos é que é a causa da pobreza. A satisfação das necessidades materiais de todo mundo possibilita que a sociedade como um todo siga o caminho do desenvolvimento sáttvico. E é na esfera sáttvica que se encontram a felicidade e a maior satisfação humana. Por meio do serviço, o trabalho de desenvolvimento é transformado numa prática sáttvica.

O objetivo do desenvolvimento sustentado por valores sáttvicos é a busca e a criação de uma vida de elegante simplicidade com qualidade, mais do que um alto padrão de vida. "Viva com simplicidade para que os outros possam viver com simplicidade" é o lema dos adeptos do método de Gandhi que promoveu a ideia de desenvolvimento como serviço e de serviço como desenvolvimento.

Vinoba Bhave e a sua visão de desenvolvimento sáttvico compartilhado

Na esteira de Mahatma Gandhi, houve dois movimentos significativos no subcontinente indiano que ilustram a ideia de desenvolvimento como compromisso sáttvico. O primeiro foi liderado por Vinoba Bhave, um colega íntimo de Gandhi, e o segundo por A. T. Ariyaratne, do Sri Lanka.

Vinoba Bhave instou os proprietários de terra de toda a Índia a doarem um sexto de suas terras aos sem-terra como um ato de partilha. Ele percorreu mais de 160.000 quilômetros, em todos os quadrantes da Índia, falando com os proprietários de terras nas aldeias e cidades, despertando-lhes a compaixão e a consciência. Sua mensagem era simplesmente a de que o bem-estar individual e familiar reside no bem-estar da comunidade e da sociedade como um todo. Esse bem-estar só pode ser alcançado pelo compartilhamento.

Tamanha foi a resposta dos proprietários ao apelo de Vinoba que mais de dois milhões de hectares de terra foram doados e transferidos para os sem-terra. Isso foi muito mais do que o governo indiano conseguiu com a sua tentativa de redistribuição de terra sob a Lei de Teto Fundiário. Vinoba acreditava que uma vez que os pobres tivessem terra e sua economia local estivesse protegida, eles seriam capazes de ganhar o próprio sustento por meio de uma combinação de habilidades, colheitas e atividades culturais. Esse foi um exemplo de desenvolvimento como partilha e de partilha como desenvolvimento. Vinoba acreditava que o desenvolvimento que surge da partilha é sáttvico.

Ele costumava dizer que visto que não somos donos do ar, da água e do sol, como é que podemos ser donos da terra? A terra já estava aqui antes de virmos a este mundo e permanecerá aqui depois que tivermos desaparecido deste mundo. A terra continuará alimentando, nutrindo e sustentando a vida geração após geração. Nós somos seres passageiros, guardiões temporários até passarmos a responsabilidade da terra para a geração seguinte. Vinoba iniciou uma revolução agrária como chave do desenvolvimento sáttvico.

O desenvolvimento secular visa muitas vezes criar uma economia que forneça empregos e gere dinheiro. É opinião comum que dinheiro é riqueza. Vinoba contestou essa opinião. Ele acreditava que um sentimento de partilha, um sentimento de comunidade, um sentimento de filiação a um lugar, bem como ar limpo, água não poluída, acesso à terra e a habilidade artesanal e cultivar alimentos são as verdadeiras riquezas. O dinheiro não é riqueza. Ele é um simples meio de troca. O dinheiro pode ter um lugar em nossa vida, mas ele deve ser mantido em seu devido lugar e jamais ser confundido com riqueza ou tratado como uma fonte de poder. Com essa filosofia sáttvica, Vinoba conseguiu causar uma mudança de espírito tanto nos proprietários de terra quanto nos sem-terra. Ao distribuir terras, ele não estava distribuindo propriedade; ao contrário, ele estava criando um sistema de curadoria. Milhares de aldeias puseram todas as posses de terra sob o sistema de curadoria; a propriedade privada foi abolida e os dons da terra são mantidos sob a curadoria da comunidade.

Vinoba motivou cidadãos urbanos bem-educados a ir viver em aldeias pobres e a fixar residência ali. Exigia-se que eles construíssem suas próprias moradias com materiais do lugar e vivessem como viviam os habitantes locais. Não deveria haver distinção entre os provedores e os beneficiários do desenvolvimento. Somente quando se identificam com os pobres e compartilham seu sofrimento e seus problemas profundamente é que aqueles que trabalham com os pobres podem participar plenamente do processo de mudança e transformação interior.

Vinoba também encorajou e inspirou os próprios aldeões a se tornarem catalisadores de mudança, de modo que trabalhadores de fora e trabalhadores das próprias comunidades aldeãs se empenhassem juntos no planejamento e na organização das atividades necessárias à reconstrução. As ideias de desenvolvimento não deviam ser importadas e impostas à população local: o processo de mudança devia crescer de dentro.

O trabalho incluía a organização da educação básica. Esta envolvia o ensino da fiação, tecelagem e de ofícios; canto, dança e festividades; valores religiosos de compartilhamento, afeto e compaixão; conhecimento das colheitas, conservação da água e reflorestamento; métodos tradicionais de tratamento de saúde e prevenção de doenças por meio de ervas e nutrição. A educação, neste caso, não era um caminho para um certificado profissional e um emprego urbano, mas uma forma de possibilitar que as pessoas cuidassem de si mesmas, de suas comunidades e de seu meio ambiente. Essa educação não era voltada apenas para as crianças, mas para pessoas de todas as faixas etárias. Era um método de aprender construindo e fazendo. Era um processo de participar da troca de informação. O idealismo predominava. Ninguém recebia um salário; todos os envolvidos cultivavam seus alimentos e dividiam tudo o que estava disponível.

Esse sistema contrastava completamente com os programas de desenvolvimento rajásico do governo, nos quais os funcionários recebiam altos salários, usavam terno e chegavam de carro com respostas prontas para todos os problemas! E, naturalmente, era justamente o oposto do desenvolvimento tamásico em que os ricos apoderavam-se das terras para construir grandes represas, fábricas de automóveis ou as assim chamadas Zonas Econômicas Especiais, tais como as que existem atualmente na Índia e na China.

O movimento de Vinoba Bhave foi um exemplo de desenvolvimento sáttvico *par excellence*.

Ariyaratne e sua visão de desenvolvimento sáttvico como amizade

O segundo movimento inspirado por Gandhi e iniciado por um professor budista, A. T. Ariyaratne, no Sri Lanka, foi *Sarvodaya*. Esta palavra, como afirmamos anteriormente, foi originalmente cunhada por Mahatma Gandhi e significa um modo de pensar, viver e agir que é benéfico não só para os seres humanos, mas também para todas as outras criaturas. Ela tem sido traduzida como a elevaçao espiritual de todos. Sarvodaya implica, ao mesmo tempo, o desenvolvimento ecológico, espiritual e social. Ela transmite a ideia de desenvolvimento como a autorrealização de seres humanos, animais, plantas e todas as outras formas de vida. É um conceito muito abrangente.

Quando Ariyaratne era um professor universitário em Colombo, ele começou a levar alguns de seus alunos às aldeias durante os fins de semana e feriados. Ele oferecia os seus serviços para a restauração das comunidades. Por ser budista, Ariyaratne acreditava que a amizade era a forma mais altruísta e generosa de relacionamento. Todos os outros relacionamentos, como aqueles entre pais e filhos, maridos e mulheres, trabalhadores e gerentes, professores e alunos, implicam certas expectativas. A amizade, porém, envolve a aceitação incondicional do outro. Ariyaratne e seus alunos doaram incondicionalmente seu tempo, talento e habilidade. Eles se declararam amigos do povo e amigos da Terra. A palavra para amizade no budismo é *metta*, e um dos nomes de Gautama Buda é Maitreya. Ele não é um guru, um mestre, um profeta ou um ser divino; ele é simplesmente um amigo — *Maitreya*.

A mensagem de desenvolvimento de Ariyaratne se espalhou por todos os cantos do Sri Lanka. Milhares de pobres da zona rural começaram a ajudar uns aos outros no espírito da amizade; houve um verdadeiro encontro entre a espiritualidade e o desenvolvimento. A autoajuda bem como a ajuda mútua, a autoconfiança bem como a interdependência são os conceitos fundamentais desse movimento. É mínima a ajuda de organismos externos, apenas um enfeite do bolo. O verdadeiro bolo é formado pela economia, pelos recursos, pelas pessoas e pelos talentos locais. Esse é um exemplo brilhante de desenvolvimento sáttvico inspirado pelo conceito de budismo envolvido.

Os ensinamentos de Buda não são meramente intelectuais, nem estão confinados às escrituras para estudo acadêmico e debate em mosteiros e templos. Eles têm de ser postos em prática na vida cotidiana. Se o budismo se torna desprendido do mundo e não trata dos sofrimentos, problemas e preocupações do dia a dia, então ele é irrelevante.

A espiritualidade sem envolvimento social se reduz a uma prática egocêntrica, que leva a um beco sem saída. Por outro lado, o envolvimento social sem espiritualidade se torna a busca de poder e autoengrandecimento. Portanto, a ideia de budismo envolvido integra espiritualidade e sociedade, intensificando ambas, atuando, assim, para pôr fim ao sofrimento tanto econômico como psicológico e libertando a humanidade da fome física e também dos anseios psicológicos. O dr. Ariyaratne tornou a espiritualidade relevante para o desenvolvimento ao promover a amizade como desenvolvimento e o desenvolvimento como amizade.

As visões cristãs radicais do desenvolvimento como libertação

Embora a palavra "sáttvico" esteja enraizada na filosofia hindu, as motivações sáttvicas podem ser encontradas em muitas tradições. Os teólogos da libertação são exemplos disto. O desenvolvimento que resulta da amizade é o verdadeiro desenvolvimento sáttvico. Há uma longa tradição de missionários cristãos na administração de escolas e hospitais em áreas paupérrimas. A educação e a medicina que eles provêm são, muitas vezes, oferecidas com motivos mesclados. Espera-se que os beneficiados se convertam à religião dos missionários. As religiões nativas, tribais e indígenas são consideradas inferiores. Desse modo, a pureza e a santidade da atitude espiritual são corrompidas por religiões organizadas e institucionalizadas cujos missionários recebem orientação de muito longe, importando rituais e regras de países estrangeiros e culturas alienígenas. Apesar de haver benefícios econômicos para a população local, essa troca de religião por bens e serviços causa ressentimento e resistência. Além do mais, esse tipo de caridade nunca questiona a ordem social injusta e desigual que é a principal causa da pobreza. O desenvolvimento efetuado pelos missionários reforça o *status quo*. Por causa desses motivos mesclados, o desenvolvimento trazido pelos missionários entra na categoria de desenvolvimento rajásico.

Contudo, muitos padres católicos radicais na América do Sul e Central estão liderando um movimento de Teologia da Libertação. Para eles, a religião não é religião se ela perpetua a opressão e ignora a submissão dos fracos. Se a Igreja se alinha com as forças rajásicas do Estado, com os proprietários agrários, os industriais, as corporações multinacionais e os grandes negócios, e não com os oprimidos, então ela se torna parte do problema e não parte da solução. O discurso sobre democracia, direitos humanos, regime jurídico, mercado livre, imprensa livre, e conceitos grandiosos semelhantes soa falso quando as relações sociais e políticas derivam sua autoridade de uma ordem social basicamente injusta e exploradora. A responsabilidade das pessoas religiosas nessas situações não consiste em conspirar e ser conivente com direitos adquiridos, e sim em resistir a isso e incitar as pessoas a trabalhar por uma transformação pacífica. Na Teologia da Libertação, a solidariedade com os oprimidos se torna uma prática religiosa.

Um instrumento básico da Teologia da Libertação é conscientizar as pessoas de sua condição e de seu poder para transformá-la. O sistema opressivo só pode funcionar com a cooperação dos oprimidos, e os oprimidos cooperam com o opressor porque eles não conhecem os seus direitos e o seu poder. Por meio da educação política, as pessoas se insurgem contra as causas de sua pobreza e privação e reconhecem o desenvolvimento como libertação e a libertação como desenvolvimento.

Existem muitos pensadores e ativistas promovendo a Teologia da Libertação. Leonardo Boff é um deles. Como membro da comunidade cristã no Brasil, ele vem pregando um evangelho ativista há décadas. Em 2001 lhe foi concedido o Prêmio Nobel alternativo (Right Livelihood Award) por sua crítica franca à cultura consumista, que prejudica a vida das pessoas e do planeta. Sua preocupação dominante é a seguinte: como podemos propor o amor e a misericórdia de Deus aos milhões de pessoas que vivem na miséria?

Boff está trabalhando para libertar pobres, negros, mulheres e povos nativos oprimidos e também a Terra, que é oprimida pela cobiça humana. Ele acredita que a fé religiosa deve se expressar na ação política e na mobilização social a fim de trazer justiça e dignidade para os que são injustamente humilhados.

Inspiradas na obra de Leonardo Boff e de outros teólogos da Libertação, muitas comunidades eclesiais em toda a América Latina, mesmo diante do desagrado do Vaticano, organizaram campanhas de consciência coletiva para dar uma resposta à situação angustiosa dos pobres e oprimidos. Agora o chamamento da Teologia da Libertação está tocando os sinos da consciência na África, na Ásia e até na Europa e nos Estados Unidos da América. Muitas igrejas estão abandonando sua forma missionária e abraçando a causa da libertação como um pré-requisito para o desenvolvimento.

Ainda que os teólogos da Libertação nunca tenham ouvido falar da expressão "desenvolvimento sáttvico", minha experiência desses cristãos radicais me leva a aplicar apropriadamente o termo ao seu movimento. A Teologia da Libertação nasce de aspirações sáttvicas profundas.

Uma visão científica de desenvolvimento como Tributo a Gaia

Assim como é ousado inserir a ideia de sattva no contexto da teologia cristã, é ainda mais problemático juntar essa ideia e a ciência. Mas, em minha opinião, Gaia e sattva são totalmente compatíveis. Quando falamos em desenvolvimento, o primeiro pensamento que nos vem é o desenvolvimento econômico das pessoas. Trata-se de um conceito antropocêntrico. O trabalho levado a cabo por organizações governamentais e não governamentais é, na melhor das hipóteses, voltado para os direitos humanos dos oprimidos e para minorar as condições de fome, péssima saúde e analfabetismo dos pobres. Todavia, o cientista James Lovelock fala dos direitos dos micro e macro-organismos. Ele defende as bactérias e as borboletas. Na visão dele, os rios têm direito de fluir e permanecer impolutos, as rochas têm direito de ficar onde estão, e as florestas têm direito de ficar livres das motosserras e da intervenção humana. Para Lovelock, a Terra age como se fosse um organismo vivo, mantendo suas formas de vida, seu clima, suas estações e padrões meteorológicos como um sistema que se sustenta, que se governa, que se organiza e se regula por si só.

De acordo com a Teoria de Gaia combinada com a Ecologia Profunda, conforme Stephan Harding a apresentou em seu livro *Animate Earth**, a vida humana não é, intrinsecamente, nem mais nem menos importante do que as outras formas de vida. Na visão de mundo de Gaia, a ideia de que os humanos são a espécie superior que tem o domínio ou a administração da Terra e que, por conseguinte, o desenvol-

* *Terra Viva*, publicado pela Editora Cultrix, São Paulo, 2008.

vimento humano tem prioridade sobre os direitos da Terra é absurda. A Teoria de Gaia vai além do ambientalismo utilitário. Ela questiona a perspectiva de que o mundo natural existe para ser gerido como um recurso para uso humano.

Em lugar de adorar um Deus fora do universo como criador, a Teoria de Gaia sugere que a atitude adequada consiste em reverenciar a própria Terra. Por meio dessa ecologia reverente, reconhece-se que os seres humanos e as outras formas de vida coevoluem e vivem simbioticamente, em profunda dependência uns dos outros e da Terra. Cada forma de existência, animada ou inanimada, tem seu valor inerente: elas estão ligadas entre si por afinidade.

Ao denominar essa teoria de "Gaia", à semelhança da deusa grega da Terra (*geo* como em geologia e em geografia), somos convidados a reverenciar a Terra. Dessa maneira, o desenvolvimento que surge da visão de mundo de Gaia adquire naturalmente dimensões sáttvicas. A atitude de reverência torna-se a ponte entre a ciência e sattva. Assim, o desenvolvimento é uma homenagem a Gaia, e respeitar Gaia é o verdadeiro desenvolvimento. O desenvolvimento econômico à custa dos ecossistemas de Gaia entra na esfera de ação rajásica ou tamásica. O desenvolvimento do ponto de vista de Gaia abarca todo o mundo natural, e não apenas a espécie humana. Ele impõe aos que buscam o desenvolvimento humano o dever de incluir restrição e limites ao consumo. Ele questiona a meta de crescimento econômico ilimitado, a dependência humana de combustíveis fósseis e a produção em massa, que causam o aquecimento global e a mudança climática.

A meu ver, o desenvolvimento do ponto de vista de Gaia é intrinsecamente sáttvico. O desenvolvimento humano sem dano ao frágil tecido de Gaia só pode acontecer se mantivermos um estilo de vida sáttvico. Portanto, se adotarmos uma qualidade de vida simples e sáttvica, seremos capazes de compartilhar as dádivas de Gaia e viver felizes juntos sem destruí-la. O desenvolvimento humano só é sustentável dentro dos limites finitos da Terra.

Libertação

Pratique a não violência; não faça mal.
Pratique a pluralidade; há muitas verdades.
Nada possua; há abundância.

—

O liberto não é comprido ou curto,
Grande ou pequeno, redondo ou quadrado,
Branco ou preto, macho ou fêmea.
O liberto está além da forma e além dos condicionamentos,
Além disto e daquilo.
Tudo é apenas o todo, e o todo é ilimitado.

Mahâvira

Capítulo 6

OS PRINCÍPIOS SÁTTVICOS NA TRADIÇÃO JAINA

Igualdade das espécies

Se é possível estender a ideia dos três *gunas* a certos movimentos cristãos ou científicos, aplicar essa ideia à tradição jaina não oferece nenhum problema. Há muita interação entre a tradição ayurvédica e os jainas. A não violência contra os animais bem como aos seres humanos é um dos princípios fundamentais dos jainas. Para eles, ser sáttvico é ser não violento.

Mais de 2000 anos atrás os jainas calcularam que havia 8,4 milhões de espécies vivas sobre a Terra. Essa lista surpreendentemente extensa incluía águias, cisnes, baleias, tigres, elefantes, cobras, vermes, bactérias, fungos, ar, água, fogo, rochas e tudo o que é natural e vivo. Os jainas poderiam ser chamados de animistas — para eles, toda natureza está viva, e toda vida é sagrada. Qualquer tipo de dano a qualquer forma de vida deve ser evitado ou minimizado. É claro que a sobrevivência de uma forma de vida depende do sacrifício de outra, por isso não é possível ser completamente não violento. Ainda assim, exige-se que os jainas limitem tirar a vida até mesmo para a sobrevivência. Tenho certeza de que os cientistas que defendem a teoria de Gaia, tais como James Lovelock e Stephan Harding, se sentiriam muito à vontade entre os jainas.

Os seres humanos são apenas uma desses 8,4 milhões de espécies. Eles não têm mais direitos do que qualquer outra espécie. Todos os seres vivos, sejam eles humanos ou não, têm direito igual à vida. Os humanos não só não têm direito absoluto de capturar, controlar ou subjugar outras formas de vida, como também têm o dever adicional de praticar a não violência e de ser humildes diante dos misteriosos, gloriosos, abundantes e extraordinários fenômenos do mundo vivo. Esta humildade ecológica é a base da qualidade sáttvica mais essencial dos jainas.

A história a seguir expressa muito bem a atitude jaina para com os animais.

Certa vez, Parshva, um jovem príncipe, quando chegava com o seu séquito de casamento à residência de sua noiva, viu perto dali um cercado abarrotado de animais, esperando para serem abatidos. Chocado com o grito dos animais, o príncipe perguntou: "Por que esses animais estão sendo mantidos em tão cruéis condições?" Os seus ajudantes responderam: "Eles são para o banquete da festa de casamento."

O jovem príncipe foi dominado pela compaixão. Ao chegar à sala de cerimônia de casamento, ele conversou com o pai da princesa. "Todos aqueles animais presos no cercado para serem abatidos para o banquete de casamento devem ser libertados imediata e incondicionalmente", disse ele. "Por quê? Os animais existem para o prazer dos humanos. Os animais são nossos escravos e a nossa carne. Como pode haver um banquete sem a carne dos animais?", perguntou o pai.

O príncipe Parshva não conseguia acreditar no que acabara de ouvir. Ele disse, alteando a voz: "Os animais têm alma, têm consciência, eles são nossos parentes, são nossos ancestrais. Eles desejam viver tanto quanto nós desejamos; eles têm sentimentos e emoções. Eles têm amor e paixão; temem a morte tanto quanto nós a tememos. O instinto de vida deles não é menor que o nosso. O direito deles de viver é tão fundamental quanto o nosso. Não posso casar, não posso amar e não posso fruir a vida enquanto os animais são escravizados e mortos." Sem mais discussão, ele desfez os planos para o seu casamento. Ele rejeitou inclusive a vida confortável de um príncipe e, respondendo a um chamado interior, saiu pelo mundo para despertar as massas adormecidas que haviam sido condicionadas a matar animais. Ele foi o líder do movimento de compaixão pelos animais.

Segundo conta a história, o reino animal acolheu bem Parshva como o profeta dos fracos e da natureza. Eles se reuniram em torno dele, em resposta aos seus apelos por bondade. Os pássaros pousaram nas árvores por perto; os peixes chegaram até a beira do lago onde Parshva meditava. Elefantes, leões, raposas, coelhos, ratos, insetos e formigas lhe prestaram tributo. Um dia, ao ver Parshva encharcado pela chuva pesada de monção, o rei das serpentes ergueu-se sobre a cauda, criando um chapéu com a sua enorme cabeça.

Milhares e milhares de pessoas nas aldeias, vilarejos e cidades comoveram-se com os ensinamentos de Parshva. Elas renunciaram à carne e assumiram a tarefa de cuidar do bem-estar dos animais. A princesa com quem Parshva ia se casar ficou tão entusiasmada que decidiu permanecer solteira e dedicar-se a cuidar dos animais e de todos os outros seres vivos. Depois de perder a filha e um futuro genro para a causa da compaixão, o próprio rei passou por uma transformação. Ele anunciou que todos os animais deveriam ser respeitados e que não haveria mais caça, matança, enjaulamento nem domesticação de animais no seu reino.

Existem 24 Grandes Libertadores na linhagem jaina. Adinath foi o primeiro, Parshva o vigésimo terceiro. O vigésimo quarto foi Mahâvira, que viveu há 2.600 anos. Ele revitalizou a religião dos jainas do modo como ela é praticada hoje. Cada um dos 24 Grandes Libertadores foi associado com um animal, simbolizando que nos ensinamentos jainas os animais ocupam um lugar central. O amor não é amor se não incluir o amor aos animais, pássaros, plantas e todas as outras formas de vida. Que espécie de compaixão é essa que adora e reverencia a vida humana, mas ignora a matança de animais? É por esta razão que os jainas consideram a comida vegetariana como a única alimentação sáttvica e, portanto, aceitável.

Mahâvira foi chamado de *Jina*, que quer dizer o vencedor dos inimigos interiores, como o ego, o orgulho, a raiva e a ilusão. Assim é que os seguidores de Mahâvira se tornaram "jainas".

Embora tenha nascido príncipe, Mahâvira simplesmente compreendeu que a vida é muito mais do que apenas a busca incessante de ganhos rajásicos como fama, riqueza e poder. Na verdade, fama, riqueza e poder são os portadores da "infelicidade". Eles criam o medo e reduzem a liberdade. Esta noção não se baseava em nenhuma teoria intelectual; ao contrário, ela tinha como base a própria experiência de Mahâvira. Ele trocou o reino pela floresta em busca de sabedoria, libertação e iluminação. Depois de uma longa vida de meditação e contemplação, ele chegou à conclusão de que todos precisam praticar as sete regras sáttvicas de vida.

1. A não violência da mente, da fala e da ação

Mahâvira dizia que a não violência deve começar na mente. A não ser que a mente esteja repleta de compaixão, a não violência não é possível. A não ser que se esteja à vontade no mundo interior, não se pode praticar a não violência no mundo exterior. Se a língua fala palavras doces para outras pessoas e, não obstante, a mente as está condenando, isso então não é não violência. As sementes da não violência têm de ser semeadas na mente. Manter a mente pura é, pois, parte essencial da não violência. Uma mente pura significa uma consciência que não se corrompeu, não se contaminou e não se diluiu com o desejo de controlar os outros.

Nós somos violentos porque desejamos controlar os outros. Aqueles que comem carne pensam que "os animais e os peixes existem para serem comidos por nós" — tudo existe em função de nós, que somos os donos da natureza. Esta é a violência da mente, que leva à violência física.

Mahâvira via o mundo como um lugar sagrado. Os pássaros, as flores, as borboletas e as árvores são sagrados; rios, solos e oceanos são sagrados. A vida como um todo é sagrada. Todas as nossas interações com as outras pessoas e com o mundo natural devem estar baseadas nesta confiança sagrada, nesta profunda reverência por tudo o que existe.

A não violência da mente deve se traduzir em não violência da fala. Violência é pronunciar palavras prejudiciais, ásperas, insinceras, desnecessárias, desagradáveis e ofensivas. O uso habilidoso da linguagem é uma arte necessária à busca da comunicação pacífica. Mahâvira insistia em que devemos entender completamente o que os outros dizem antes de falarmos. A língua só é capaz de expressar uma verdade parcial; portanto, a não violência é um guia essencial na nossa comunicação verbal. "Diga a verdade, mas diga-a com amabilidade; se você não puder dizê-la com amabilidade, então fique em silêncio até aprender a arte da comunicação prática." A não violência é um princípio maior que a verdade. Podemos não saber o que é a verdade; a verdade de hoje talvez não seja a verdade de amanhã. Pratique a não violência da fala enquanto diz a verdade. Os jainas celebram a diversidade de ideias e verdades, mas insistem no fundamento comum da não violência.

A não violência da mente e da fala leva à não violência da ação. Os fins não justificam os meios; os meios devem ser compatíveis com os fins. Por conseguinte, todas as ações humanas devem ser amáveis, compassivas e não agressivas. Não faça mal — sem desculpas nem concessões. A não violência de Mahâvira é atenção e gentileza para com todas as criaturas.

Assim, a não violência é o princípio supremo dos jainas. Todos os outros princípios derivam dele. A não violência é o fato mais importante. Visto que toda vida é sagrada, não podemos violar ou tirar vantagem daquelas formas de vida que são mais fracas do que a nossa. *Ahimsa* significa muito mais que "Viva e deixe viver", significa "Viva e ame!"

Comecei este livro com o problema da angústia de nossa época. Durante o tempo todo insisti em que a causa desta angústia é clara: nós adotamos meios incorretos para alcançar fins corretos. Não conseguiremos pôr fim à angústia se não houver coerência entre os meios e os fins. Boa parte de nossa civilização segue os meios da violência, quer ela seja dissimulada quer não. A realidade é que a nossa civilização é violenta. A industrialização, a centralização, a urbanização, a globalização, o materialismo, o capitalismo e o consumismo, tudo isso tem infligido muita violência aos indivíduos, às comunidades e à natureza. Essa violência agora culminou em violência contra o clima; estamos enfrentando uma mudança climática catastrófica. A violência contra as pessoas, contra os animais, contra a Terra e contra o clima é uma constante. Ela talvez seja a pior tendência tamásica que existe.

O mundo gasta um trilhão de dólares anualmente com efetivos militares e armamentos. Líderes de nações civilizadas se orgulham de possuir armas convencionais e nucleares de destruição em massa. Eles creem que a guerra trará a paz. Em outras palavras, eles esperam que tamas leve a sattva. É como esperar que se produza manteiga batendo areia.

A violência física é apenas a manifestação exterior de uma característica tamásica profundamente arraigada no coração e na mente humana. O desejo de conquistar e controlar outros povos, outras nações e a própria Terra é violência. Esses desejos íntimos levam a expressões exteriores de violência contra nós mesmos, contra outras culturas e religiões e contra a própria vida.

Nós envenenamos a Terra com substâncias químicas, fertilizantes, pesticidas, herbicidas e outras combinações tóxicas para satisfazer nossa ganância e procurar obter controle sobre o processo dos ciclos naturais. Infligimos desnecessária crueldade aos animais em nosso sistema de criação intensiva. A criação intensiva e a agricultura industrial são formas de violência.

Nós aniquilamos as florestas tropicais, bosques e sebes para criar agronegócios especializados em monoculturas de larga escala para o cultivo de safras comerciais, de modo que o nosso imenso apetite pelo controle de mercado seja satisfeito. Varremos os oceanos com nossas redes de pesca e destruímos unidades populacionais de peixes por meio de frotas de pesca em grande escala com o objetivo de conseguir lucros excessivos. Este é um ato de violência contra a terra e os oceanos. Precisamos praticar agricultura natural, orgânica, sáttvica.

Criamos os meios de produção em massa, obrigando seres humanos criativos a se posicionarem ao lado de uma correia transportadora atuando como se fossem máquinas, causando assim a destruição da imaginação humana, da produção artesanal e uma perda dos meios de subsistência. Tais métodos violentos de manufatura promovem a exploração de mão de obra, o trabalho infantil, a privação e a falta de saúde que levam à desagregação do tecido social e ao aumento da pobreza. Pobreza é violência. Precisamos fazer um esforço árduo para eliminar a pobreza crônica, tamásica por meio das qualidades sáttvicas de cuidado e compartilhamento.

Fábricas de produção em massa produzem efluentes que poluem a água sagrada dos rios, córregos e oceanos. A fumaça das chaminés causa chuva ácida, o que gera mudança climática. Poluição é violência. Precisamos minimizar a poluição.

Bilhões de barris de petróleo são queimados para sustentar a nossa civilização. Alimentação, vestuário, habitação, aquecimento, transporte e todas as outras atividades se tornaram dependentes de combustível fóssil. As excessivas emissões de carbono são a causa do aquecimento global e de uma enorme quantidade de resíduos. Resíduos são uma violência. Precisamos reduzir os resíduos.

Temos sido violentos contra o clima, por isso agora o clima está sendo violento contra nós; nós colhemos o que semeamos. A ação da natureza é recíproca. Nossa violência contra o clima é apenas a ponta da tendência inerente à violência de nossa civilização.

A violência institucionalizada e estrutural é tão fatal quanto a violência física. A fim de se manter no poder, os governos institucionalizam a violência, travam guerras e participam de tortura, encarceramento e maus-tratos. Tal modo de vida dificilmente pode ser chamado de civilizado.

Esta cultura tamásica da violência deve ser substituída por uma cultura sáttvica da não violência se quisermos manter a vida na Terra. Esta tem sido a mensagem de muitos mestres sábios, tanto no passado como em nosso próprio tempo.

"Não fazer mal" tem sido o lema de todas as tradições espirituais. Profetas e visionários nos mostraram o caminho sáttvico da não violência, porém decidimos ignorá-lo e seguir o caminho tamásico da violência. Os líderes políticos do assim chamado mundo civilizado viram as costas para o problema. Em vez de resolvê-lo, nós construímos armas nucleares e criamos economias de guerra. Agora estamos enfrentando as consequências de nossa indiferença aos ensinamentos da não violência e aos valores espirituais. A iminência de um caos climático e a crescente insegurança são os efeitos naturais de nosso modo de vida violento. Civilização sem espiritualidade é um completo fracasso. Nós temos dinheiro, mas carecemos de sentido. Vivemos numa era de angústia; a humanidade está desprovida de espírito humano.

Ainda há tempo de mudar o curso e reconhecer a insensatez de usar de meios violentos para alcançar os objetivos de liberdade, democracia e direitos humanos. Ainda há tempo de criar uma cultura de não violência na qual um modo de vida simples, humilde e elegante possa estar em equilíbrio, harmonia e paz com todo o universo. Temos de aproveitar o tempo e compreender que o universo é divino, que a vida é sagrada, que não devemos causar nenhum mal.

Não existe nenhum caminho para a paz. A paz *é* o caminho, disse Mahatma Gandhi. Este livro é uma tentativa de nos fazer lembrar que existe um caminho pacífico, e que esse caminho passa pelo cultivo do espírito humano. Nós somos espírito tanto quanto somos corpo, mente e intelecto humanos. Empenhemo-nos em unir toda a humanidade para enfrentar o desafio do aquecimento global por meios espirituais e não violentos. A humanidade clama por sustento espiritual. A fome da alma humana só poderá ser saciada com o alimento do espírito, e o espírito humano habita a morada da não violência. A não violência é o princípio espiritual supremo. Ela é a principal qualidade sáttvica. Ponha a não violência em primeiro lugar, e o todo o resto se seguirá.

A economia, a tecnologia e a ciência por si sós não são capazes de dar todas as respostas; conforme afirmou Albert Einstein, não podemos resolver um problema com a mesma mentalidade e os mesmos valores que constituíram a causa inicial do problema. Ele tinha razão. O aquecimento global é causado pela aplicação cega da tecnologia, da ciência e da economia, motivada pela ganância, pelo lucro e pelo poder. Para encontrar a resposta verdadeira para a crise do aquecimento global, devemos seguir um caminho diferente, o caminho do espírito, da simplicidade de uma vida saudável, com menos consumo e mais recursos locais, integrada com a natureza; o caminho da construção em vez do consumo, da participação em vez do controle e da preservação em vez do desperdício; o caminho das qualidades sáttvicas e não tamásicas.

Uma vida sustentável e um clima estável são um imperativo espiritual.

2. Viver dentro dos limites

A segunda regra é *Sanyama*, a palavra jaina para sáttvico. Sanyama significa "simplicidade", "autodomínio", "suficiência", "frugalidade". Nós precisamos aprender a nos contentar com menos. A ideia de que o que quer que tenhamos, ou por mais que tenhamos, nunca é o bastante, é a origem da angústia. Por isso, necessitamos passar do "mais e mais" para "o suficiente".

Para os jainas, não existe carência de nada no mundo: há apenas a abundância da Natureza. Somente quando queremos controlar e possuir é que criamos escassez. Jamais podemos ter tudo, mas sempre desejamos mais. Esta possessividade é a fonte da escassez. No momento em que estamos satisfeitos e não queremos controlar e possuir, temos abundância. Paradoxalmente, esta abundância só está ao alcance daqueles que conseguem viver dentro dos limites de suas necessidades.

O princípio da moderação é muito importante no nosso mundo moderno. Nós somos encorajados a comprar, possuir e expandir nossa riqueza material incessantemente. Pensamos, vivemos e trabalhamos como se não houvesse limites. A ideologia dominante de nosso tempo é conquistar e controlar a natureza, além de aumentar e acumular bens materiais constantemente.

Esse consumismo cria confusão entre necessidade e cobiça. A resposta jaina para essa confusão é que devemos não só dominar nossa cobiça, mas também ainda reduzir o que consideramos ser a nossa necessidade. Carros, máquinas de lavar roupa ou louça, televisores, leitores de DVD e CD, iPods, celulares, computadores e outros produtos passaram a ser considerados "necessidades básicas". Todavia, gastamos grande parte do tempo fazendo um trabalho monótono, desagradável e frustrante para adquirir esses produtos e, depois que os adquirimos, gastamos ainda mais tempo usando, preservando e substituindo-os. Eles rapidamente se tornam obsoletos, de modo que temos de trabalhar muito para continuar adquirindo modelos atualizados. Muitas vezes, os equipamentos ficam em sótãos acumulando pó. Garagens e galpões estão repletos de artigos não usados e, mesmo assim, continuamos adquirindo mais e mais.

Não é que as pessoas sejam naturalmente gananciosas. A mídia e a indústria da propaganda constantemente trabalham para induzir, persuadir, atrair e pressionar as pessoas a comprar o que elas não necessitam nem desejam. Os governos também exigem que seus cidadãos consumam numa taxa sempre crescente a fim de manter a economia funcionando e as pessoas empregadas. O consumismo se tornou um dever patriótico. Uma vez que as pessoas estão tão ocupadas com a atividade de consumo, sobra-lhes pouco tempo para construir, criar, dançar, divertir-se, celebrar e existir e falta-lhes tempo para estar com a família, os amigos ou os vizinhos.

Nesta era de materialismo, somos convencidos a viver sob o domínio rajásico da quantidade. Os jainas acreditam no domínio sáttvico da qualidade. Eles se fazem três perguntas antes de adquirirem novas posses:

Preciso disso? Posso viver sem isso? Se eu vivo sem isso há tanto tempo, por que não posso viver sem isso no futuro?

São duráveis as coisas que estou adquirindo? Elas são feitas para durar? E elas são feitas com o uso de métodos e materiais compatíveis com o meio ambiente?

Essas coisas são belas? São bem-feitas, melhoram a nossa qualidade de vida e são esteticamente agradáveis?

Essas perguntas podem ser incômodas em um mundo regido pela ideologia do crescimento econômico. O governo, a mídia, a indústria, o comércio, as empresas, a educação, a cultura e até os grupos religiosos medem seu sucesso e fracasso em termos de seu desempenho econômico.

As organizações internacionais foram instituídas para fomentar um crescimento econômico ilimitado e sem controle. A Organização Mundial do Comércio, O Banco Mundial, o Fundo Monetário Internacional e a União Europeia são algumas das instituições mais conhecidas no mundo que afirmam o seu poder de influência na promoção do crescimento econômico. As corporações multinacionais exercem poder e influência muito maiores do que os governos na transformação dos cidadãos em consumidores. De fato, algumas dessas corporações são mais ricas do que muitas nações. O giro anual de empresas do porte da Mitsubishi, General Motors, Ford, Shell e Toyota é maior do que o de países como a Indonésia, a Tailândia, a Turquia, a Malásia e o Irã, e é enorme o poder dessas corporações rajásicas em condicionar nossa mente a consumir cada vez mais.

Sem saber, estamos verdadeiramente vivendo sob a ditadura do dólar, do euro e da libra. Esta ditadura é mais perigosa por ser sutil e estar oculta por trás do objetivo elevado de aumentar o bem-estar humano e melhorar os padrões de vida. Na realidade, porém, este tipo de busca desenfreada de bens materiais está causando uma situação catastrófica em termos de sustentabilidade ambiental, justiça social, igualdade econômica e estabilidade climática.

Neste contexto, a ideia sáttvica de moderação, que vem sendo tradicionalmente praticada pelos jainas há mais de 2 mil anos, é extremamente potente. Mahâvira disse: "Até mesmo os anjos se curvam diante daqueles que praticam a moderação." Ele próprio deu o exemplo supremo. Por ser filho de um rei, ele descobriu que todo o seu tempo era tomado pela administração de bens materiais. Os palácios, os móveis, as centenas de cavalos, elefantes e animais domésticos, os milhares de hectares de terra, as centenas de servos e todas as outras parafernálias como vestes, joias, sapatos, tronos etc. estavam absorvendo-lhe toda a atenção, e não lhe sobrava espaço para cuidar das necessidades de sua alma. Por isso ele decidiu abandonar seu reino. Ele demonstrou que para ser feliz você precisa de muito pouco.

Mahâvira nos ensinou a estarmos alerta, conscientes da quantidade de bens materiais que acumulamos e usamos. Por exemplo, todas as manhãs depois da meditação, os jainas praticantes impõem um limite ao número de itens que vão comer ou usar, a distância que vão percorrer e às coisas que vão comprar. O objetivo deles é reduzir o seu consumo do dia anterior, além de encontrar satisfação usando bem poucas coisas em vez de usar muitas coisas com negligência. Isto não quer dizer que se deva chegar ao extremo e desistir de tudo; a intenção é apreciar a importância da frugalidade e dar o devido valor e cuidado às coisas das quais dependemos, em vez de sermos perdulários. A questão não é ficar obcecado com os limites que estabeleceu para você mesmo e sentir-se culpado se o objetivo não for alcançado; o verdadeiro sentido da moderação consiste em estarmos atentos ao nosso relacionamento com o mundo material e em criarmos um equilíbrio melhor entre as necessidades materiais e as necessidades espirituais.

3. Austeridade

A terceira regra é *Tapas* (literalmente "calor"), ou autopurificação. Esta é uma das mais significativas contribuições da espiritualidade jaina. Da mesma maneira que o ser humano purifica seu corpo físico, ele também precisa purificar sua alma interiormente. Assim como queimamos objetos velhos, indesejados e gastos, assim também precisamos queimar os fardos da mente. A mente se torna poluída com pensamentos nocivos. A consciência fica contaminada pelo ego, pela cobiça, pelo orgulho, pela raiva e pelo medo. As almas sofrem por causa dos desejos, apegos e aflições. Por esse motivo Mahâvira inventou meios de purificar a mente, a alma e a consciência pela queima das impurezas internas, e chamou esse processo de *Tapas*.

O jejum, a meditação, a moderação, o repouso, a peregrinação e o ato de servir os outros são meios de praticar a austeridade sáttvica.

4. Verdade

Verdade significa compreender e perceber a verdadeira natureza da existência e a verdadeira natureza de si mesmo. Significa aceitar a realidade assim como ela é e ser fiel a ela, vendo as coisas tais como são. Verdade significa "não mentir" no seu sentido mais profundo: não ter ilusões sobre o mundo ou sobre si mesmo. Encare a verdade sem medo. As coisas são como são. Uma pessoa verdadeira vai além das sínteses mentais e compreende a realidade tal como ela é. Viver na verdade significa que você evita manipular as pessoas ou a natureza. Não existe uma única verdade que a mente possa apreender ou que a língua possa expressar. Ser verdadeiro implica ser humilde e aberto a novas descobertas, aceitando, porém, que não existe nenhuma descoberta definitiva ou absoluta. A verdade é o que é: nós aceitamos aquilo que é tal como é; falamos dele assim como é e o vivenciamos tal como é. Qualquer indivíduo ou grupo que alegue conhecer toda a verdade está, por definição, comprometido com a falsidade. Em última análise, a vida é um grande mistério e temos de aceitar a verdade desse mistério!

5. Não roubar

Não roubar é um prolongamento da simplicidade e da moderação, e significa abster-se de adquirir bens ou serviços além das próprias necessidades essenciais. A compreensão jainista de roubo vai além de qualquer definição jurídica. Se tirarmos da natureza mais do que aquilo que satisfaz nossa necessidade essencial, estamos roubando da natureza. Assim, por exemplo, remover uma floresta inteira seria considerado uma violação dos direitos da natureza e um roubo. De maneira semelhante, tirar da sociedade na forma de moradia, comida e vestuário além das próprias necessidades essenciais significa privar outras pessoas e, portanto, é roubo. Se estamos consumindo recursos finitos num ritmo maior do aquele em que eles possam ser repostos, então estamos furtando das gerações futuras. Os jainas dariam primeiro para depois tomarem. Tomar antes de dar é roubo.

6. Sexo seguro

Sexo seguro significa um comportamento sexual moderado. É amor sem luxúria. Significa fidelidade conjugal ou relacionamentos longos e comprometidos. Quaisquer pensamentos, palavras ou atos que aviltem, degradem ou abusem do corpo ou da relação física são contra o princípio do sexo seguro. O corpo é o templo do amor e, por conseguinte, nenhuma atividade que o corrompa deve ser empreendida.

7. Não possessividade

A não possessividade é um prolongamento ainda maior da simplicidade. Ela significa o não acúmulo de coisas materiais. Se ninguém amealha, possui ou acumula coisa alguma, ninguém será privado. Não possessividade quer dizer compartilhar e viver sem ostentação e sem demonstração de riqueza. As roupas, a comida e os móveis devem ser simples, elegantes, porém mínimos. "Simplicidade de meios, riqueza de objetivos" é o lema jainista.

Posses desnecessárias constituem um fardo, uma escravidão. Não adquirir o que não é necessário é bom-senso, mas esse bom-senso não é mais comum. Livre-se de aquisições não essenciais e você será libertado. É um imperativo moral viver com simplicidade para que os outros possam viver com simplicidade.

Paryushan: uma festa da introspecção e do perdão

Uma vez por ano os jainas em todo o mundo tiram oito dias de licença no trabalho e põem seus afazeres mundanos de lado para dedicar toda a sua atenção às questões da alma. Muitos jejuam, vão para retiros espirituais, passam por rituais religiosos e estudam os textos sacros.

Durante os 357 dias do ano cumprimos nossas obrigações com os nossos negócios, a nossa família, a nossa profissão. Naturalmente, procuramos pôr nossos princípios em prática na vida quotidiana. Todas as atividades comuns devem ser executadas com a maior consciência e atenção. A espiritualidade jaina está voltada para a prática diária. Apesar disso, os jainas designaram o período especial de oito dias como um tempo de reflexão, purificação e renovação. Eles o chamam de *Paryushan*.

Durante o ano é possível que tenhamos acumulado muita desordem mental e emocional em nossa vida. É possível que tenhamos juntado uma bagagem desnecessária de orgulho, medo, animosidade, ganância, ego e ilusões em nossos pensamentos e emoções. Pode ser que tenhamos acalentado desejos rajásicos ou mesmo tendências tamásicas. Por isso Paryushan é o momento para limpar essa desordem e fazer uma fogueira desse lixo tamásico, desse refugo rajásico que está corrompendo nossa mente, nossa vida e nossos relacionamentos.

Durante o ano pode ser que tenhamos prejudicado ou ofendido alguém, consciente ou inconscientemente. Portanto, o maior desafio de Paryushan consiste em passar pelo fogo do perdão. Na tradição jainista, o perdão é a suprema qualidade sáttvica da alma. Todas as outras qualidades, como a generosidade, a humildade e a compaixão, estão implícitas no perdão. Na época de Paryushan, os jainas proclamam que não devem permitir que nenhuma contenda, nenhum desentendimento, nenhum escárnio, nenhuma briga, luta ou guerra dure mais de um ano. Paryushan é o tempo de sanar, corrigir, abarcar, aceitar, resolver contendas e de se unir com todos sem exceção.

O perdão é o alicerce da amizade. A amizade é a casa de amor incondicional, de relacionamentos duradouros e de profundo respeito por todos os seres vivos, humanos e não humanos. Nesta casa da amizade reina a rainha da paz permanente.

No último dia de Paryushan, os jainas jejuam por 24 horas. Esse é o jejum do perdão. Durante esse jejum, entoamos a prece do perdão: "Eu perdoo aqueles que possam ter-me magoado e peço perdão a todos aqueles que, consciente ou inconscientemente, eu possa ter prejudicado. Declaro amizade com todos os seres vivos; não tenho inimizade com ninguém."

Na manhã seguinte antes de quebrar o jejum, todo jaina deve ir procurar pessoalmente todas as pessoas que consiga alcançar a pé e pedir-lhes perdão, como também oferecer perdão a conhecidos, amigos, parentes e contatos comerciais. Para aqueles que não conseguimos alcançar pessoalmente, é enviada uma carta, na qual buscamos o perdão.

Dá-se particular atenção às pessoas com as quais haja algum problema ou rixa pendente. A não ser e até que tenha havido troca de perdão, o jejum não pode ser quebrado. Quando se permite que uma pequena disputa se desenvolva, ela pode tornar-se uma força de destruição gigantesca para toda a comunidade. Por essa razão qualquer divergência deve ser enfrentada imediatamente, ali mesmo. Um passo dado a tempo vale por nove. Se tivermos um pequeno corte na mão, devemos lavá-lo, aplicar uma pomada e fazer uma atadura; se ignorarmos esse ferimento, ele pode infeccionar e impedir-nos de levar uma vida normal e saudável. Da mesma maneira, se surgir um pequeno desentendimento devido a um descuido de linguagem, intemperança ou preconceito, ele deve ser esclarecido imediatamente. Uma pequena faísca de raiva pode queimar toda a casa da amizade. Por isso o fogo da raiva deve ser extinto o quanto antes possível.

Nós precisamos desenvolver um modo de vida que minimize o atrito entre nós e os outros. Precisamos cultivar uma atitude de perdão e de sensibilidade aos outros e precisamos, em particular, observar o princípio da não violência no pensamento, na palavra e na ação. Se um pensamento negativo, insensível ou insultante sobre os outros nos vier à mente, precisamos tomar consciência dele e os sinos de alarme devem tocar. As sementes do conflito, da hostilidade e da guerra são espalhadas na mente dos indivíduos. O perdão necessita da tolerância e da aceitação de muitos modos de ser. Ele também necessita da não interferência no modo de vida de outra pessoa.

O mundo está cheio de conflitos, e esses conflitos são estimulados diariamente por uma linguagem prejudicial, injuriosa e negativa. No Parlamento, nos jornais, no rádio e na televisão, há um fluxo inútil e abundante de linguagem negativa todos os dias. Os nossos líderes nacionais dão o exemplo que impregna toda a sociedade, na qual vencer uma discussão se torna a ocupação de vida.

Quando olhamos o mundo à nossa volta, constatamos que as disputas duram décadas. Há um grande número de países envolvidos em guerras raciais, religiosas ou civis, que parecem não ter fim. Se pudéssemos trazer o conceito de

Paryushan para a esfera política, estabeleceríamos um prazo final para a paz. A concessão, a reconciliação, o ajustamento de interesses divergentes e, acima de tudo, o perdão se tornariam o imperativo para a coexistência pacífica de todas as pessoas. Para os jainas, Paryushan é uma festa do perdão e da amizade de vital importância, uma semana de paz e reconciliação universais, uma semana de retorno a um modo de vida tranquilo e sáttvico.

Já chega

A fama ou a vida: o que é mais desejável?
A vida ou os bens: o que é maior?
Ganhar ou perder: o que é mais prejudicial?
Aqueles que se apegam sofrerão;
Aqueles que acumulam sofrerão perdas;
Aqueles que sabem quando já têm o bastante
não cairão em desgraça;
Aqueles que sabem como parar não sofrerão dano.

Eles sempre serão bem-sucedidos.

Lao Tzu

POSFÁCIO

Meu mestre, Vinoba Bhave, costumava usar a metáfora de uma lanterna para facilitar a compreensão dos três gunas. Uma lanterna tem uma superfície de vidro transparente e, quando o seu interior se enche de fuligem escura, a luz diminui; essa fuligem escura é tamásica. A poeira também incide sobre a lanterna, o que faz com que a luz diminua ainda mais; essa poeira é rajásica. Com atenção e plena consciência, a fuligem negra e a poeira cinzenta são removidas e podemos receber todo o benefício da luz através do vidro transparente; o vidro limpo é sáttvico. Nosso objetivo deve consistir em desenvolver tanta claridade e pureza que a luz transparente da verdade possa brilhar em nossa vida.